ÉTUDES

SUR

L'HISTOIRE DE LA PEINTURE

ET DE

L'ICONOGRAPHIE CHRÉTIENNES

PAR

E. MÜNTZ

PARIS
G. FISCHBACHER, ÉDITEUR
33, RUE DE SEINE, 33

1882

ÉTUDES

SUR

L'HISTOIRE DE LA PEINTURE

ET DE

L'ICONOGRAPHIE CHRÉTIENNES

IMPRIMERIE D. BARDIN, A SAINT-GERMAIN.

ÉTUDES

SUR

L'HISTOIRE DE LA PEINTURE

ET DE

L'ICONOGRAPHIE CHRÉTIENNES

PAR

E. MÜNTZ

PARIS
G. FISCHBACHER, ÉDITEUR
33, RUE DE SEINE, 33

1881

ÉTUDES

SUR

L'HISTOIRE DE LA PEINTURE

ET DE

L'ICONOGRAPHIE CHRÉTIENNES *

I.

L'art chrétien est presque aussi vieux que le christianisme lui-même. Dès la fin du premier siècle, et les recherches de M. de Rossi (voyez sa *Roma cristiana sotterranea*, Rome, 1864-1877 ; Allard, *Rome souterraine*, 3e éd. Paris, 1874 ; Kraus, *Roma sotterranea*, Fribourg en Brisgau, 1872-1873; id., *Die christliche Kunst in ihren frühesten Anfängen*, Leipzig, 1873; L. Lefort, *Chronologie des peintures des Catacombes romaines*, Paris, 1881, etc., etc.) ne laissent subsister aucun doute à cet égard, les catacombes de Rome furent ornées de peintures destinées à traduire les croyances et les aspirations de la communauté chrétienne. Il ne pouvait guère en être autrement : la nouvelle religion avait bien réussi à changer les dogmes, mais changer les mœurs est moins facile, et, dans la société gréco-romaine, l'art avait jeté des racines trop profondes pour que la simplicité prêchée par l'Evangile triomphât si promptement. Aussi voyons-nous percer partout, dans les chambres sépulcrales de Rome, dans celles de Naples, un peu plus tard dans celles de la Cyrénaïque, enfin dans celles d'Alexandrie (cf Bayet, *Recherches pour servir à l'histoire de la peinture et de la sculpture chrétiennes en Orient avant la querelle des Iconoclastes*, Paris, 1879, p. 17-20), le besoin de compléter la littérature par la peinture, et d'exprimer par des images les enseignements contenus dans les Ecritures.

* La première esquisse de cet essai a paru dans l'*Encyclopédie des Sciences religieuses*, publiée par M. Lichtenberger, doyen de la Faculté de Théologie protestante de Paris. Nous livrons aujourd'hui notre travail au public avec de nombreuses additions.

Les sources auxquelles ont puisé les peintres de la primitive Eglise sont tout d'abord les textes sacrés. Ils empruntèrent à l'Ancien et au Nouveau Testament un grand nombre de représentations, parmi lesquelles nous citerons les suivantes : *Sujets de l'Ancien Testament :* Adam et Eve ; Caïn et Abel ; l'Arche de Noé ; le Sacrifice d'Abraham ; Moïse déliant ses sandales ; Moïse frappant le rocher ; David tuant Goliath ; Elie transporté au ciel ; Daniel dans la fosse aux lions ; la Chaste Suzanne ; les Trois Hébreux dans la fournaise ardente ; l'Histoire de Jonas (on en connaît au moins une centaine de représentations) ; l'Histoire de Job, etc. *Sujets du Nouveau Testament* : le Bon Pasteur ; l'Adoration des mages ; la Guérison de l'aveugle-né ; la Guérison du paralytique ; la Résurrection de Lazare ; la Multiplication des pains ; l'Entrée de Jésus-Christ à Jérusalem ; le Christ siégeant au milieu des apôtres ; le Christ remettant à S. Pierre et à S. Paul les insignes de leur mission. etc., etc. Les écrits des Pères ont également fourni un certain nombre de motifs. C'est ainsi qu'un des peintres des catacombes de Saint-Janvier, à Naples, a emprunté au *Pasteur* d'Hermas la gracieuse allégorie des jeunes filles bâtissant une tour. L'identité des deux scènes a été à la vérité contestée par M. Schultze (*Die Katakomben von San Gennaro dei Poveri in Neapel*, Iéna, 1877) ; mais jusqu'ici cette opinion n'a guère recruté de partisans (cf. la *Revue critique* du 1er décembre 1877, p. 331).

Peut-être est-il permis d'attribuer une influence analogue à un passage de saint Clément d'Alexandrie († 217), dans lequel il recommande aux fidèles de faire graver sur le chaton de leurs anneaux une colombe, une ancre, un poisson ou d'autres symboles bibliques. (*Pédagogue*, III, II.)

La mythologie païenne a été, de son côté, mise à contribution. Mais les allusions sont si transparentes qu'il n'est pas possible d'hésiter sur leur signification. Tels sont : Orphée charmant les animaux ; Ulysse et les Sirènes ; Psyché (considérée comme le symbole de l'âme) et Eros ; les Amours vendangeurs (allusion à la parabole de la vigne). Citons enfin les représentations empruntées au cycle cosmique et personnifiant les forces de la nature : les saisons, l'océan, le firmament. Cette classe de motifs, en quelque sorte neutres, continua d'être en honneur pendant de longs siècles. Elle fut complétée dans la suite par la personnification des fleuves, par les signes du zodiaque, etc., etc. (Voy. Piper, *Mythologie und Symbolik der christlichen Kunst*, t. II, Weimar, 1851.)

Les Actes des Quatre Saints Couronnés nous fournissent un témoignage fort curieux au sujet de ces représentations en quelque sorte mixtes. Le lieutenant de Dioclétien ayant demandé aux quatre artistes de sculpter des Victoires et des Eros, ils obéirent; ils consentirent également à représenter le Soleil monté sur son char. Mais lorsqu'on leur ordonna de faire une statue d'Esculape, ils refusèrent de se prêter à ce qu'ils considéraient comme un acte d'idolâtrie et aimèrent mieux souffrir le martyre (De Rossi, *Roma cristiana sotterranea*, t. III, p. 579).

On rencontrait même parmi les convertis des artistes qui, moins scrupuleux, exécutaient à la fois des images chrétiennes et des idoles païennes. Lorsqu'on leur reprochait cette duplicité, ils s'excusaient en disant qu'il fallait bien vivre, et en rappelant les paroles de l'apôtre: « *unusquisque in qua vocatione vocatus fuerit, in ea permaneat.* » (1. Corinth. VII, v. 20) et « *operam detis ut quieti sitis, et ut vestrum negotium agatis, et operemini manibus vestris.* » (1. Thess. IV, 11). Le fait est attesté par Tertullien (*De Idolatria*, c. V-VIII, et *Adversus Hermogenem*, c. I). Une découverte récente, due à M. Le Blant (*Revue archéologique*, 1875), nous a apporté une confirmation inattendue de ce passage : Tous les amateurs d'antiquités chrétiennes connaissent la belle lampe représentant le Bon Pasteur et portant la marque ANNISER. Or, voici qu'en étudiant au musée Fol, à Genève, une lampe ornée d'une tête de Bacchus, dans une couronne de lierre, M. Le Blant y a rencontré la même signature. Il existait donc des officines chrétiennes fabriquant des images païennes, et vice versa.

C'est dire que l'on s'écarterait singulièrement de la vérité en prêtant un sens religieux à toutes les productions de l'art chrétien primitif. Deux exemples vont achever de nous prouver à quel point ont fait fausse route jusqu'ici certains savants qui voient partout des intentions mystiques. Il y a quelques années, en exécutant des travaux dans la cathédrale de Pesaro, on mit à jour un fragment de mosaïque représentant un poisson. Nombre d'archéologues s'écrièrent tout aussitôt que c'était là l'IXΘYC chrétien. Malheureusement pour eux, on découvrit, quelque temps après, les autres parties de la composition; elles offraient une collection variée, non seulement de poissons, mais encore de crustacés, d'oiseaux, de fauves, de plantes. Dans la basilique de Djemilah, même erreur au sujet d'une colombe portant un rameau. En réalité, dans l'un et l'autre cas, on avait tout simplement affaire à des mosaïques zoologiques, telles que l'antiquité nous en a laissé un si grand nombre.

Que cet attachement pour des motifs légués par le paganisme provienne de traditions d'atelier ou qu'il ait sa source dans la réaction du bon sens populaire contre les subtilités des docteurs, peu importe au fond. Ce qui est intéressant à constater, c'est que, pendant les premiers siècles, l'Église n'a exercée qu'une survillance bien relâchée sur les travaux d'art. La concordance des motifs représentés en Orient et en Occident ne prouve nullement l'existence d'une sorte de canon universellement reconnu, mais bien la communauté d'inspirations d'artistes tous nourris à la forte école de l'art classique.

A cet égard la thèse soutenue par le Père Garrucci (*Storia dell'arte cristiana*, t. I, p. 5-6) est, sinon entièrement fausse, du moins singulièrement exagérée. Dans ses *Etudes sur les sarcophages chrétiens antiques de la ville d'Arles*, M. Le Blant a montré que dans les premiers temps les artistes ont joui de la plus entière indépendance: le mysticisme raffiné qu'on a cru découvrir dans leurs ouvrages n'a le plus souvent existé que dans l'imagination des archéologues modernes.

Prise dans son ensemble, la décoration des catacombes, ou, en d'autres termes, la peinture chrétienne primitive, exprime surtout les idées de résignation, la foi dans la miséricorde divine, l'espoir de la résurrection. Au milieu des persécutions les plus cruelles nulle plainte, nulle trace de colère. Une couronne, une palme, une colombe avec le rameau d'olivier tracées sur le tombeau du martyr, voilà les images par lesquelles les survivants éternisent le souvenir des luttes et des souffrances de celui dont ils ne devaient pas tarder, bien souvent, à partager le sort. Cette grâce, cette sérénité règnent jusque dans les moindres parties de l'ornementation ; elles forment certainement un des contrastes les plus saisissants que l'on puisse concevoir entre la situation matérielle d'une société et ses aspirations morales. Et cependant les dernières recherches tendent à prouver que ce sont les idées funéraires qui dominent dans les peintures des catacombes. Hâtons-nous d'ajouter que ces idées ont été transfigurées sous l'influence du génie antique, et que la mort ne se présente à nous que sous les formes les plus riantes. En rapprochant les sculptures des sarcophages, sculptures dont les plus anciennes remontent à peine au troisième siècle, de la *Commendatio animæ quando infirmus est in extremis*, M. Le Blant (*Etudes sur les sarcophages chrétiens antiques de la ville d'Arles*, Paris, 1878) a en effet démontré que les sculpteurs n'avaient fait bien souvent que traduire les formules contenues dans cette litanie. C'est ainsi que l'auteur de la *Commendatio* supplie l'Eternel de délivrer l'âme du moribond, de même qu'il a épargné la mort à Enoch et Elie; de même qu'il a sauvé Noé du déluge, arraché Job à ses épreuves, Isaac au glaive de son père, Moïse aux poursuites de Pharaon, Daniel aux lions, les trois jeunes gens à la fournaise ardente, Suzanne aux accusations mensongères, etc. Or, l'Enlèvement d'Elie, l'Arche de Noé, Job sur son fumier, le Sacrifice d'Isaac, le passage de la mer Rouge, Daniel dans la fosse aux lions, les trois Hébreux dans la fournaise, le Jugement de Suzanne, forment précisément les sujets traités de préférence dans les sarcophages. Dans cette lumineuse démonstration, M. Le Blant ne s'est, il est vrai, attaché qu'aux monuments de la sculpture. Mais nul doute que la corrélation établie entre la *Commendatio animæ* et les sarcophages n'existe également entre ce texte et entre les peintures des catacombes, prototypes des sarcophages.

Pendant longtemps, en se fondant sur les écrits des Pères de la primitive Eglise, on a cru que le christianisme était hostile aux arts, lorsque ses représentants ne s'élevaient en réalité que contre l'idolâtrie, ou bien que, mus par un sentiment de prudence, ils engageaient les fidèles à ne pas multiplier dans les endroits trop en vue des images propres à appeler sur eux la colère des persécuteurs (voyez Kraus, *Die christliche Kunst in ihren frühesten Anfängen*, p. 85 ss.).

Aujourd'hui, tombant dans l'excès opposé, on a voulu établir entre les peintures des catacombes et les sculptures des sarcophages, d'un côté, et de l'autre entre des écrits, la plupart postérieurs à ces monuments, une connexité trop étroite.

On se tromperait en croyant que pendant les trois cent cinquante premières années du christianisme l'art ait tenu une place bien considérable dans les préoccupations des Pères C'est en vain qu'on chercherait dans leurs écrits une esthétique bien définie, des aperçus sur la mission de l'artiste, des conseils pratiques. De loin en loin on les voit emprunter à l'architecture, à la peinture, à la sculpture, comme aux arts industriels, quelque image plus ou moins banale (Voyez Piper, *Einleitung in die monumentale Theologie*, Gotha, 1867, p. 75 ss.): Dieu le Père, par exemple, est pour eux le grand δημιουργός, l' « artifex » par excellence; la création d'Adam et d'Ève appelle la comparaison avec le sculpteur qui modèle une statue, avec le potier qui, en exposant un vase au feu, lui donne sa forme définitive, etc., etc. De certains monuments (tels que le temple de Jérusalem) les intéressent à cause des souvenirs historiques qui s'y rattachent; mais, en général, ils ne s'occupent des arts plastiques que pour combattre l'idolâtrie. Dans ces ardentes polémiques il ne faut pas s'attendre à des appréciations impartiales : tous les arguments leur sont bons pour combattre leurs adversaires. A entendre l'un, les images des dieux exécutés en or ou en ivoire par Phidias, Polyclète, Euphranor, ne sont autre chose que de grandes poupées offertes, non par des petites filles auxquelles on peut pardonner cet amusement, mais par des hommes sérieux (Lactance, *Institutions divines*, II, 4). D'autres reprochent aux Grecs d'avoir, en portant la statuaire à un tel degré de perfection, favorisé l'idolâtrie (Athenagoras, Tertullien, etc. cf. Piper, *op. laud*, p. 125, 126, 147). Les actes, on le sait, ne suivirent que trop souvent les paroles : le fanatisme des Romains convertis avait déjà détruit bien des chefs-d'œuvre lorsque l'invasion des barbares vint porter le coup de grâce aux glorieux vestiges de l'art gréco-romain.

L'immoralité de beaucoup d'entre les scènes représentées par les artistes païens forme également le texte de nombreux réquisitoires. Saint Clément d'Alexandrie, dans le passage dont nous avons déjà cité un extrait, s'élève non seulement contre la représentation, sur les sceaux, de Léda avec son cygne, mais encore d'une épée ou d'un arc pour ceux qui sont pacifiques, d'une coupe pour ceux qui sont sobres (*Pédagogue*, III, II).

Lorsque, après le triomphe de l'Église, les Pères et les poètes fixèrent leur attention sur ces productions trop longtemps négligées, ils apportèrent dans leur tentative d'exégèse un esprit de mysticisme qui avait grandi de siècle en siècle (les Pères de la primitive Eglise y avaient sacrifié plus d'une fois), et une subtilité qui aurait bien étonné les naïfs confesseurs de l'âge apostolique. Il était surtout réservé à saint Augustin d'exercer, à cet égard l'influence la plus fâcheuse. Veut-on savoir de lui, entre autres, pourquoi Moïse a frappé à deux reprises différentes le rocher d'Horeb ? Le docteur d'Hippone nous apprendra que c'est parce que deux pièces de bois devaient former la croix du Christ. Autre exemple : que signifient les quatre animaux que saint Jean a décrits dans l'Apocalypse (IV, 6-7), et dont les artistes ont fait la personnification des Evangélistes ? Saint Augustin, d'accord d'ailleurs sur ce point avec saint Jérôme, nous prouve que l'homme (l'ange) représente saint Mathieu, parce que le récit de cet auteur débute par la généalogie humaine du Christ ; le lion, saint Marc, parce que celui-ci, dès le second verset, nous fait entendre la voix du lion rugissant dans le désert ; le veau, saint Luc, dont l'Evangile s'ouvre par l'histoire de Zacharie, prêtre et sacrificateur ; l'aigle, enfin, saint Jean, qui, d'un vol audacieux, s'élance dans les régions sublimes comme pour dérouler à nos yeux la généalogie du Christ : « *In principio erat Verbum.* » (Martigny, *Dictionnaire des Antiquités chrétiennes*, au mot Evangélistes.)

De grâce, que dans ces rapprochements on tienne un compte plus rigoureux des dates, de la chronologie. Appliquer à une peinture du second siècle l'exégèse fantaisiste, les explications *à posteriori* de saint Augustin, de saint Jérôme, de saint Ambroise, de Prudence, de Sidoine Apollinaire, n'est-ce pas renouveler les errements de Tertullien essayant d'interpréter les monuments égyptiens (*Ad nationes*, II, 8). Pour ce docteur subtil ,le dieu Sérapis n'est autre chose que le patriarche Joseph, auquel Pharaon avait confié la mission de veiller aux approvisionnements de l'Égypte ! Le « modius » placé sur la tête du dieu, les épis qui l'accompagnent, sont pour lui une allusion à ces fonctions d'intendant des subsistances.

Chaque scène, on pourrait presque dire chaque personnage de l'Ancien et du Nouveau Testament, devint ainsi un symbole, un emblème, et plus les interprétations étaient cherchées, plus elles séduisaient. Malheureusement les motifs sur le sens desquels l'accord a pu s'établir sont bien peu nombreux. Ainsi que l'a fait remarquer M. Le Blant, les Pères ont tour à tour vu, dans les trois Hébreux enfermés dans la fournaise ardente, l'image de la résurrection, celle de l'Eglise militante, celle du martyre, ou bien encore celle de la tyrannie qu'exercera l'Antechrist, tandis qu'en réalité ce tableau personnifiait tout simplement la foi dans la puissance divine. Même divergence pour Daniel exposé dans la fosse aux lions, pour Moïse frappant le rocher, pour la vigne, etc., etc.

Si nous examinons sans parti pris les productions des premiers siècles, nous voyons au contraire que leurs auteurs défendent les droits du bon sens, comme aussi l'attachement aux règles professionnelles. Les symboles de la Résurrection sont ceux qu'ils représentent de préférence, parce qu'ils sont les plus clairs, partant les plus populaires. D'autre part nous les voyons plus d'une fois préoccupés des exigences de la décoration. Que de figures, auxquelles on a attribué jusqu'ici un sens mystérieux, ne sont uniquement destinées qu'à composer sur le plafond de quelque cubiculum un ensemble harmonieux et pittoresque, à remplir les lacunes laissées entre les sujets principaux ! Partant de ce principe qu'un fait souvent répété ne saurait être sans signification (*non vacat mysterio quod iteratur in facto*), toute une école s'est ingéniée de nos jours à découvrir le sens caché d'une foule de figures purement ornementales, tritons, hippocampes, fleurs, oiseaux, chevaux, télamons, mascarons, lièvres, etc. Les coquillages mêmes sont devenus à ses yeux le symbole de mystères augustes. Ils contiennent aux yeux de l'abbé Martigny (*Dictionnaire des antiquités chrétiennes*, sub verbo) une allusion à la Résurrection. Il suffit de rapprocher les fresques de la catacombe de Saint-Janvier de Naples, par exemple, des fresques païennes correspondantes, pour s'apercevoir que la plupart des motifs qui y sont représentés (vases de fleurs, hippocampes, béliers, panthères, oiseaux, griffons, masques, etc.) n'ont aucun sens symbolique, et qu'ils sont uniquement destinés à flatter la vue. Mais, alors même que les peintres des catacombes consacraient leur pinceau à l'illustration des Ecritures, ils entendaient conserver une entière indépendance. Les exemples réunis par M. Le Blant sont à cet égard aussi probants que possible. Les urnes de Cana sont tantôt en nombre supérieur, tantôt en nombre inférieur au chiffre indiqué par saint Jean. David et Goliath ont la même taille, etc., etc. Ailleurs, s'inspirant des principes de la symétrie, les peintres des catacombes ont représenté aux côtés de la Vierge, tantôt deux, tantôt quatre mages, au lieu de trois, chiffre traditionnel. Dans d'autres cas les artistes ont interprété ou complété de la façon la plus bizarre les récits bibliques. Pourquoi groupent-ils plusieurs personnages autour de Moïse, déliant ses chaussures devant le buisson ardent ? pourquoi donnent-ils des compagnons à Daniel jeté dans la fosse aux lions ? pourquoi quatre ou même six figures font-elles cortège à Adam et Ève au moment de leur expulsion du paradis? Ces fautes contre le bon sens, contre la vraisemblance historique, ce manque absolu de couleur locale, ne sont-ils pas le fait d'artistes livrés à leurs seules lumères ?i

L'indifférence en matière d'histoire peut d'ailleurs passer pour logique, étant données les aspirations de l'art chrétien primitif. Les faits historiques n'étant pour lui que des symboles, il était tout naturel qu'il ne tînt pas compte de la chronologie, de la couleur locale, ni même de la ressemblance physique. Partout des formules toutes faites, en comparaison desquelles celles du moyen âge auraient pu passer pour une manifestation du réalisme. C'est ainsi que les scènes tirées de l'Ancien Testament sont mêlées à celles du Nouveau Testament, sans égard à leurs dates respectives. Au lieu de les disposer dans l'ordre des temps, l'artiste les groupe selon ses préférences personnelles, ou selon les besoins de la décoration. N'a-t-on pas aussi cru découvrir une pensée symbolique dans ce désordre !

Pris isolément, les personnages représentés manquent de tout ce qui constitue l'individualité. Les types ne sont pas encore fixés. Dans les peintures des catacombes romaines, j'entends dans celles des premiers siècles, un adolescent imberbe représente le Christ, sans que rien dans sa physionomie rappelle un portrait. Souvent même les artistes ne se sont pas préoccupés de savoir si leurs héros étaient vieux ou jeunes. Même insouciance à l'égard du costume, qui est toujours le costume romain de l'Empire, qu'il s'agisse de patriarches, de prophètes ou d'apôtres.

La composition témoigne-t-elle du moins d'un effort plus sérieux? La beauté de l'ordonnance, la force de l'expression font-elles du moins oublier ce manque absolu de couleur historique? Certes, les sujets que nous avons énumérés plus haut se prêtaient à de brillants développements, et plus d'un artiste moderne a créé des chefs-d'œuvre en s'attaquant aux mêmes thèmes que ses prédécesseurs des catacombes. Mais c'était à la condition de recourir à une mise en scène dont ceux-ci ne semblent même pas avoir soupçonné la nécessité. Pour eux le but principal de l'art est de tracer une image qui rappelle nettement aux fidèles quelque trait de l'histoire sainte, et qui traduise leurs convictions ou leurs espérances. Jamais l'action n'avait été simplifiée au même point; jamais on n'avait si entièrement supprimé tout mouvement dramatique. Un homme debout dans un coffre, c'est Noé dans l'arche ; un homme s'inclinant devant un autre plus grand, qui étend la main vers lui, c'est la guérison de l'aveugle ; de personnages accessoires, de paysage ou d'encadrement architectural il n'en est pas question. Ces sujets étaient familiers aux chrétiens des premiers siècles ; il ne fallait pas un grand effort d'imagination pour les comprendre, et en les regardant on songeait moins à l'habileté de l'artiste qu'à l'idée exprimée par lui.

Ce que nous venons de dire de la simplicité, de la nudité de la composition ne s'applique toutefois qu'aux scènes isolées. Quand l'emplacement est assez vaste, on s'occupe généralement d'y grouper un certain nombre de motifs, de les relier les uns aux autres, de composer, en un mot, un ensemble pittoresque. La richesse d'invention, le sentiment de grâce et de liberté, propres à l'antiquité, éclatent dans ces pages malheureusement trop rares. Prenons par exemple une des chapelles du cimetière de Sainte-Agnès. Le plafond y est orné de neuf compartiments, tous bordés de rouge et se détachant sur un fond blanc. Au centre, dans un médaillon, le Bon Pasteur portant une brebis sur ses épaules; aux quatre angles, des colombes avec des rameaux d'olivier ; dans les quatre compartiments intermédiaires, Moïse frappant le rocher, Adam et Eve, Jonas couché sous la cucurbite, enfin une orante. L'intervalle entre ces différents motifs est rempli par des oiseaux s'avançant l'un vers l'autre, des vases garnis de fruits, des ornements de toute sorte. Il est impossible d'imaginer un ensemble plus sobre et plus riant.

II.

La publicité accordée au nouveau culte par l'édit de Milan a été pour la peinture une première cause de transformation, ou, pour mieux dire, un premier élément de force et de renaissance. Le cercle des idées s'élargit ; les sujets acquièrent plus de précision et d'ampleur : à la place de symboles vagues ou timides nous trouvons les éclatantes manifestations d'une religion pressée d'affirmer son triomphe. L'art des basiliques se substitue à celui des catacombes.

La tâche qui s'imposait aux artistes du règne de Constantin avait de quoi effrayer les plus téméraires. Dans cette œuvre de réorganisation, il leur faut rompre avec les idées du paganisme, aussi bien qu'avec celles du christianisme primitif, les unes et les autres également en contradiction avec les tendances nouvelles. Ils se voient réduits à faire face, avec un petit nombre de figures, dont le type n'est même pas encore fixé, aux exigences d'un public accoutumé aux compositions les plus brillantes. Le Christ, les apôtres, quelques saints, quelques scènes de l'Ancien Testament, tels sont les éléments dont ils disposent pour remplacer l'Olympe avec ses dieux, les souvenirs de l'histoire nationale, les représentations empruntées au théâtre et au cirque, bref l'infinie variété de ces images qui avaient fini par faire partie intégrante de la vie du peuple romain.

L'influence antique se fit cependant sentir longtemps encore, surtout dans le domaine du style et dans celui de la décoration. Ce fut une imitation en quelque sorte inconsciente. Dans le travail auquel nous avons déjà fait tant d'emprunts, M. Le Blant, qui avait déjà constaté chez les graveurs d'inscriptions la persistance de certaines formules d'origine païenne, a retrouvé des tendances analogues chez leurs confrères, les sculpteurs d'ornements ou de figures, auxquels nous sommes en droit d'ajouter les peintres. De là vient notamment que la baleine de Jonas ressemble de tout point au monstre qui menaçait Andromède, que le tombeau de Lazare est un « heroum » païen, que des têtes de Méduse ornent les extrémités d'un des sarcophages d'Arles ; de là vient que l'arche de Noé offre la similitude la plus complète avec le coffre dans lequel Danaé et Persée furent exposés sur la mer. La présence, dans les monuments chrétiens, d'innombrables symboles familiers aux Gentils n'a pas d'autre cause. On prodiguait les tritons, les hippocampes, les atlas, les télamons, les personnifications des vents, du ciel, des fleuves, de la mer, des saisons, sans y attacher de sens symbolique, et uniquement par suite d'habitudes invétérées. On constate la persistance de ces traditions dans les diverses branches de l'art. C'est ainsi que dans les pavements historiés, par exemple, on rencontre jusqu'en plein moyen âge, non seulement des ornements essentiellement antiques (grecques, méandres, entrelacs, etc.), mais encore des sujets qui n'ont rien à faire avec le christianisme, notamment le combat de Thésée et du Minotaure. Les personnifications des mois, des saisons, et en général tous les motifs empruntés au cycle cosmique forment, jusque vers le XIIIe siècle, l'accompagnement obligé de toutes les mosaïques pavementales.

Les compositions des catacombes supposaient d'un côté une force d'abstraction, de l'autre un dédain du luxe difficiles à concilier avec les exigences du christianisme devenu religion d'Etat. Il fallut à la fois s'occuper d'orner avec plus de magnificence les sanctuaires ouverts aux fidèles, non plus dans les profondeurs de la terre, mais à la surface du sol, au cœur de la cité, et de les orner de sujets traduisant les idées de triomphe qui avaient succédé aux idées de résignation. On commença tout d'abord par restreindre le rôle de ces symboles graphiques, tenant de l'écriture plus que de la peinture ou de la sculpture, et rebelles à toute tentative de développement plastique. Si la vogue d'hiéroglyphes tels que le monogramme du Christ, l'A et l'Ω, la colombe portant le rameau d'olivier, les corbeilles remplies de pain, le poisson, l'ancre, le trident, etc., etc., avait continué, elle aurait fini par nuire aux droits de la pensée et par annihiler la plus noble mission de l'art, la représentation de la figure humaine. Heureusement ces formules stériles ne tardèrent pas à disparaître, à l'exception du monogramme du Christ et des lettres A et Ω, que l'on continue à rencontrer, mais à l'état de simples accessoires. Parmi les sujets tirés des Ecritures, beaucoup partagèrent le sort de ces symboles et disparurent définitivement. La liste placée ci-dessous contient l'indication des scènes qui furent sacrifiées, ou du moins qui ne se maintinrent que sur les sarcophages, ces monuments d'un art attardé, et dans les mystérieuses portes de Sainte-Sabine de Rome, aujourd'hui attribuées au sixième siècle : Adam et Eve ; l'Arche de Noé ; le Sacrifice d'Abraham ; David armé de la fronde ; l'Enlèvement d'Elie ; la Chaste Suzanne ; Daniel dans la fosse aux lions ; les Trois Hébreux dans la fournaise ardente ; l'Histoire de Jonas : Job sur le fumier ; la Guérison de Tobie ; le Bon Pasteur portant la brebis sur ses épaules ; Orphée charmant les animaux ; Ulysse et les Sirènes ; Psyché et Eros ; Amours vendangeurs (ces deux derniers sujets se rencontrent encore dans le mausolée de Sainte-Constance à Rome, qui est du quatrième siècle ; puis ils disparaissent à leur tour) ; orants et orantes.

Le fonds commun à l'art des catacombes et à celui des basiliques est cependant assez considérable encore, malgré ces suppressions. Mais les principes qui inspirent les champions de l'ancienne et de la nouvelle école diffèrent essentiellement. Les premiers avaient détaché des Ecritures un certain nombre de scènes auxquelles ils attribuaient un sens propre, et qu'ils représentaient isolément, abstraction faite de leur place dans l'ensemble du récit. Leurs successeurs du quatrième siècle restituèrent à ces scènes leur rang dans la série à laquelle elles se rattachaient, et s'efforcèrent de mettre de nouveau en lumière leur signification naturelle, parfois si étrangement dénaturée par l'esprit d'abstraction cher aux artistes des catacombes. En un mot, les représentations symboliques se transformèrent en représentations historiques. Désormais nous trouvons de vastes cycles, disposés dans l'ordre chronologique le plus rigoureux, et retraçant les principaux épisodes de l'histoire du peuple d'Israël, la vie et la mort du Christ, etc., etc. (mosaïques de Sainte-Marie Majeure, à Rome, du cinquième siècle, de Saint-Apollinaire Nouveau, à Ravenne, du sixième siècle, de l'Oratoire de Jean VII, à Saint-Pierre de Rome, du huitième siècle, miniatures de la *Genèse*, du *Josué*, fresques du pape Formose, à Saint-Pierre de Rome, etc., etc.).

A un certain moment nous voyons même l'Église intervenir officiellement et s'élever contre l'abus des symboles. Le concile Quinisexte, ou in Trullo, tenu à Constantinople en 692, ordonna que désormais la peinture historique serait préférée aux emblèmes ; il décida notamment que la crucifixion serait représentée sous son aspect réel et non plus sous une forme allégorique : *ut ergo quod perfectum est, vel colorum expressionibus omnium oculis subjiciatur, ejus qui tollit peccata mundi, Christi Dei nostri, humana forma characterem etiam in imaginibus deinceps, pro veteri agno, erigi ac depingi jubemus.*

La transformation que nous venons de signaler a pour corollaire l'invention d'un grand nombre de sujets nouveaux. Parmi les motifs qui furent pour la première fois représentés dans les monuments postérieurs à l'ère des persécutions, nous citerons la Visitation, la Présentation au Temple, les différents épisodes de l'histoire de saint Jean-Baptiste, la Pêche miraculeuse, le Denier de la veuve, les diverses scènes de la Passion, la Crucifixion, dont les premiers exemples connus se trouvent dans le manuscrit syriaque de Rabulas, de l'année 586, et sur les fioles de Monza envoyées par saint Grégoire le Grand à Théodelinde (voyez Stockbauer, *Kunstgeschichte des Kreuzes*, Schaffhouse, 1870, p. 160-165), la Transfiguration, les Symboles des quatre évangélistes, l'Eglise *ex gentibus* et l'Eglise *ex circumcisione* la figuration des cités de Bethléem et de Jérusalem, l'agneau mystique couché entre les sept chandeliers, les vingt-quatre vieillards de l'Apocalypse, etc., etc.

Par sa traduction de la Bible, saint Jérôme contribua puissamment à la diffusion des sujets de l'Ancien Testament; il favorisa en même temps les tentatives faites pour donner à l'art chrétien une unité plus grande. M. Allard, dans sa *Rome souterraine* (éd. de 1874, p. 362), cite à ce sujet un curieux exemple. L'ancienne version italique désignait, sous le nom de « cucurbita »(courge), l'arbuste qui servit d'abri à Jonas. Saint Jérôme, au contraire, traduisit par « hedera » (lierre). Son interprétation excita de véritables tempêtes; elle donna lieu à une discussion passionnée entre lui et saint Augustin. La *Vulgate*, publiée en 384, se répandit cependant promptement dans le monde chrétien; elle fut immédiatement et exclusivement adoptée par les Églises occidentales. A partir de ce moment les artistes durent se conformer, dans la représentation de l'épisode de l'histoire de Jonas, à l'interprétation de saint Jérôme. On peut donc poser comme à peu près certain le canon archéologique suivant : toutes les fois que Jonas est représenté étendu sous la « cucurbita » (et il en est ainsi dans toutes les peintures des catacombes actuellement connues), cette représentation est antérieure à l'an 384; quand, au contraire, comme sur plusieurs sarcophages des Gaules, l'arbrisseau qui abrite le prophète est l' « hedera », cette représentation est postérieure à la date indiquée. La Bible de saint Jérôme ne fut jamais adoptée par les Églises grecques; aussi, en Orient, conserva-t-on l'habitude de représenter Jonas étendu sous la « cucurbita », ou comme porte la version des Septante, sous la κολοκύνθη, alors qu'en Occident l' « hedera » était devenue la traduction officielle. (Dans une miniature du *Ménologe* grec de Basile, qui remonte au IXe siècle, on voit Jonas étendu sous un arbre qui ressemble à une cucurbite ou à un figuier).

Les Évangiles apocryphes ont également fourni quelques représentations nouvelles. Nous citerons parmi elles le bain de l'enfant Jésus et l'histoire de Salomé (Thilo, *Codex apocryphus Novi Testamenti*, t. I, p. 378 ss.), scènes qui furent peintes dans les catacombes, sculptées sur la châsse d'Aix-la-Chapelle (Cahier et Martin, *Mélanges d'archéologie*, t. I, p. 23), ou même incrustées dans l'oratoire construit par le pape Jean VII, à Saint-Pierre de Rome. Les Pères avaient cependant de bonne heure repoussé avec indignation la légende de l'intervention des sages-femmes auprès de la Vierge : « *Nulla ibi obstetrix*, s'écrie saint Jérôme, *nulla muliercularum sedulitas intercessit. Ipsa [Maria] pannis involvit infantem, ipsa et mater et obstetrix fuit.* »

Si l'ingénieuse hypothèse d'un savant archéologue russe, M. Kondakoff, est fondée, nous aurions dans une des scènes représentées sur l'arc triomphal de Sainte-Marie-Majeure, un autre exemple d'un emprunt fait aux Evangiles apocryphes. Depuis longtemps nous étions frappé des anomalies qu'offrait l'interprétation, jusqu'ici reçue, de cette scène : sans tenir compte de la présence d'un prince, au front ceint du diadème, à la toge de pourpre ornée du clavus, ainsi que de la présence de licteurs, on avait cru reconnaître dans la composition dont nous nous occupons le Christ au milieu des docteurs. En parcourant le *Codex apocryphus Novi Testamenti*, de Thilo, M. Kondakoff a relevé un passage qui s'applique bien à notre scène : pendant le séjour de Marie et de Joseph en Égypte, un prince vint au-devant d'eux avec toute son armée, et adora l'enfant divin (t. I, p. 400.

La rénovation que nous venons de constater dans les idées nous frappe également dans le style des peintures appartenant à la seconde période de l'art chrétien, c'est-à-dire à la période commençant avec la victoire de Constantin. C'est là un fait qui n'a pas été suffisamment remarqué, mais qui n'échappera pas aux observateurs impartiaux : les peintures et les mosaïques exécutées pendant le règne de Constantin et celui de ses successeurs immédiats sont en progrès, non seulement sur les productions des catacombes, mais encore sur celles de l'art païen tel qu'il s'offre à nous dans les monuments du temps de Sévère ou de Dioclétien. La vulgarité des motifs traités par les peintres de la décadence (portraits d'athlètes, combats du cirque, natures mortes, etc.) avait fini par exercer l'influence la plus fâcheuse sur le style lui-même. Le modelé, la couleur, le groupement, les attitudes, tout était également mou et incorrect. D'un abaissement pareil à la barbarie absolue il n'y a qu'un pas, et encore aurait-on pu espérer de trouver chez les barbares une pureté et une élévation de sentiment que l'on chercherait en vain dans les dernières manifestations de la société païenne expirante.

La renaissance de la peinture chrétienne s'affirme dès le quatrième siècle ; elle arrive à son apogée au cinquième, et nous aurait certainement valu au sixième siècle encore un grand nombre d'œuvres remarquables, si la terrible guerre des Goths n'avait pas arrêté court, du moins en Italie, un mouvement qui promettait d'être si fécond. Nous voyons successivement le dessin reconquérir une fierté et une distinction, le coloris, un éclat et une sévérité que l'on ne connaissait plus depuis longtemps. Sans doute il ne fut pas donné à tous les artistes d'allier, comme l'auteur de la mosaïque de Sainte-Pudentienne, la majesté de l'ordonnance à la vérité des attitudes, à l'exubérance de la vie. Mais la recherche de la grandeur et de la gravité devint du moins générale à partir de ce moment. L'art entre dans une voie nouvelle ; il reconnaît que le premier de ses devoirs est d'édifier, et non plus de distraire. Dans l'*Ecclesia ex gentibus* et l'*Ecclesia ex circumcisione* de l'église Sainte-Sabine, à Rome (cinquième siècle), dans les apôtres du Baptistère des Orthodoxes, à Ravenne (même époque), on admirera tour à tour la pureté du dessin ou la vigueur de l'expression ; dans le Christ assis au milieu des brebis, et dans le saint Laurent marchant au supplice (mausolée de Galla Placidia, à Ravenne, même époque), l'élégance unie à la noblesse. L'élégance fut d'ailleurs la première des qualités qui disparurent devant l'envahissement de jour en jour plus sensible de la barbarie. Mais assez d'autres mérites subsistèrent jusqu'en plein sixième siècle, l'ampleur, la force, la fierté. Rarement école a su donner à une composition la solennité qui nous frappe dans les nombreuses représentations du Christ remettant aux princes des apôtres les insignes de leur pouvoir, ou enseignant au milieu de ses disciples. Nous voyons en même temps surgir à Rome, à Naples, à Ravenne, à Milan, des ensembles décoratifs qui nous séduisent aujourd'hui encore par la richesse et l'exquise appropriation des ornements, ainsi que par l'harmonie du coloris.

Ce n'est pas à dire toutefois que l'art (et en particulier la peinture) se soit élevé au niveau qu'il occupait sous Auguste ou sous Trajan. L'éducation des artistes chrétiens offrait bien des lacunes, et s'ils parvinrent à les dissimuler, par exemple en ce qui concerne l'insuffisance de leurs connaissances anatomiques, ce fut parce qu'ils substituèrent les figures drapées aux figures nues, si chères à leurs prédécesseurs païens. On ne peut à cet égard que souscrire aux judicieuses observations d'Emeric David : « Les draperies offraient encore des restes remarquables du beau style, les têtes de la vérité, on pourrait même dire quelque expression; mais les contours des membres étaient souvent pauvres et lourds. Les articulations surtout commençaient à manquer de justesse, et ce vice radical, en mettant au jour l'ignorance des dessinateurs, annonçait plus que tout autre que la dégradation n'aurait point de terme » (*Histoire de la Peinture au moyen âge*, éd. de 1863, p.18, 19).

L'abandon, de plus en plus marqué, de la tradition antique eut un autre résultat encore : au fur et à mesure que l'élément historique se substitua à l'élément symbolique, les artistes sacrifièrent davantage au réalisme. Tandis que pendant l'ère des persécutions ils avaient évité avec le plus grand soin tout ce qui rappelait les souffrances des martyrs, ils commencèrent, à partir du quatrième siècle, à se familiariser avec ces images. D'après le *Liber Pontificalis*, Constantin déjà aurait offert à la basilique de Saint-Laurent une représentation du supplice de ce saint : « *Constantinus* (*posuit*)... *ante corpus beati Laurentii martyris argenteis clusam sigillis passionem ipsius* (*in vita S. Silvestri*, § XXIV, éd. Vignoli, t. I, p. 99). » Saint-Grégoire de Nysse († 396) nous parle, de son côté, de l'habileté d'un peintre qui avait représenté le martyre de saint Théodore. Vers la même époque, Astérius, évêque d'Amasia, décrit un tableau représentant le martyre de sainte Euphémie.

Cependant, ainsi que nous le prouvent les bas-reliefs sculptés sur les deux colonnes que M. de Rossi a découvertes dans la basilique de Sainte-Pétronille, et qui représentent le martyre de saint Nérée et de saint Achillée (*Bullettino di archeologia cristiana*, 2e série, 1875, pl. IV), ces représentations étaient encore bien timides à ce moment. Dans celle de ces colonnes qui est entière, on voit simplement le bourreau brandissant le glaive qui doit frapper le saint. Le sculpteur du sarcophage de Junius Bassus, conservé dans les cryptes du Vatican, ne va même pas si loin : il se borne à nous montrer un soldat s'apprêtant à tirer son glaive pour trancher la tête à saint Paul. Dans la basilique de Sainte-Marie-Majeure, à Rome, le pape Sixte III (432-440) se borne de son côté, à faire peindre sous les pieds des martyrs les instruments de leur supplice. C'est du moins ce qui semble résulter de l'inscription suivante, autrefois tracée au-dessus de la porte principale de la basilique, et recueillie par l'abbé de Angelis (*Basilicæ S. Mariæ majoris de Urbe a Liberio Papa I usque ad Paulum V Pont. Max. descriptio et delineatio*, Rome, 1621, p. 88) :

Virgo Maria tibi Xistus nova tecta dicavit
Digna salutifero munera ventre tuo.
Tu genitrix ignara viri, te denique fœta
Visceribus salvis edita nostra salus.
Ecce tui testes uteri sibi præmia portant
Sub pedibusque jacet passio cuique sua.
Ferrum, flamma, feræ, fluvius, sævumque venenum :
Tot tamen has mortes una corona manet.

Cependant, si ces sujets conquirent peu à peu une place dans le domaine de l'art, on recula longtemps encore devant une interprétation trop littérale des actes des martyrs. Nous en avons la preuve dans une mosaïque du cinquième siècle, qui orne le mausolée de Placidie, à Ravenne : on y voit saint Laurent s'avançant en triomphateur, et non en condamné, vers le gril qui doit le consumer. Même au sixième siècle, dans les mosaïques de saint Apollinaire Nouveau, à Ravenne, l'artiste évite encore avec soin de représenter les souffrances du Christ. La première représentation connue de la Crucifixion remonte, comme nous l'avons dit, à l'année 584 seulement. Il importe de constater, ici encore, le désaccord qui règne entre les littérateurs et les artistes. Les premiers, Pères de l'Eglise ou poètes, se plaisent à dépeindre les scènes de torture les plus repoussantes ; les seconds, tout en faisant un pas de plus que leurs prédécesseurs des catacombes, abordent ces sujets avec une réserve qui ne disparaît que lentement. Je doute que les peintures décrites avec tant d'amour par Prudence, comme se trouvant, l'une dans le cimetière d'Imola (martyre de saint Cassien ; ΠΕΡΙΣΤΕΦΑΝΩΝ, hymne IX, v. 17 ss.), l'autre dans la catacombe de saint Laurent (martyre de saint Hippolyte ; ΠΕΡΙΣΤΕΦΑΝΩΝ, hymne XI, v. 123 ss.), aient existé ailleurs que dans son imagination. Rien de plus opposé, en effet, aux tendances des artistes de cette époque que des compositions du genre de celle que nous retrace le poète :

Exemplar sceleris paries habet inlitus; in quo
Multicolor fucus digerit omne nefas.
Picta super tumulum species liquidis viget umbris
Effigians tracti membra cruenta viri.
Stantes saxorum apices vidi, optime papa,
Purpureosque notas vepribus impositas,

Docta manus virides imitando effingere dumos
Luserat, e minio russeolam saniem.
Cernere erat, ruptis compagibus ordine nullo,
Membra per incertos sparsa jacere situs.

Cependant, dès cette époque, les dignitaires de l'Eglise exerçaient leur contrôle sur la décoration des basiliques. L'initiative privée, qui tenait une si grande place dans la décoration des catacombes, presque toutes ornées aux frais des particuliers, disparaît devant les exigences du culte officiel. Tout au plus continua-t-on d'abandonner à la fantaisie des artistes quelques parties accessoires du monument, par exemple le pavement. La lettre de saint Paulin de Nole à son ami Sulpice Sévère (antérieure à l'année 420 : Epistola XII; *Maxima bibliotheca veterum patrum*, Lyon, 1677, t. VI, p. 193), nous montre de quelle manière le clergé intervenait dans ces travaux. Saint Paulin décrit comme suit les mosaïques qu'il avait fait exécuter dans la basilique de Saint Félix de Nole :

Pleno coruscat Trinitas mysterio.
Stat Christus agno : vox Patris cœlo tonat :
Et per columbam Spiritus sanctus fluit.
Crucem corona lucido cingit globo,
Cui coronæ sunt corona apostoli,
Quorum figura est in columbarum choro.
Pia Trinitatis unitas Christo coit,
Habente et ipsa Trinitate insignia :
Deum revelat vox paterna, et Spiritus :
Sanctam fatentur crux et agnus victimam.
Regnum et triumphum purpura et palma indicant.
Petram superstat ipse petra ecclesiæ,
De qua sonori quatuor fontes meant,
Evangelistæ, viva Christi flumina.

Dans son étude intitulée : *Die bildlichen Darstellungen im Sanctuarium der christlichen Kirchen* (Trèves, 1835, p. 42.), M. Müller a cherché à reconstituer la composition imaginée par le saint évêque : Au pied de la croix, plantée sur un roc qui donne naissance à quatre fleuves, se tient le Christ, figuré sous les traits d'un agneau; sur sa tête voltige une colombe, du corps de laquelle s'échappent des rayons, — elle est le symbole du Saint-Esprit. En haut on lit les paroles : *Hic est filius meus dilectus in quo mihi complacui.* A droite et à gauche se trouvent les apôtres, formant une sorte de couronne, allusion à la couronne que le Christ a conquise par la croix. Leurs vêtements eints en pourpre et leurs palmes rappellent le triomphe qu'ils ont remporté. Entre eux ou au-dessus d'eux voltigent des colombes. M. Müller n'admet pas que la composition ait été divisée en deux parties, l'une où le Christ est représenté sous la forme d'un agneau, l'autre où il se montre à nous sous la figure humaine. Il considère les mots : « *Petram superstat ipse,* » comme formant la suite de « *Stat Christus agno.* »

On le voit, en présence de sa mission nouvelle, le clergé se rend compte des responsabilités contractées envers les fidèles, et il s'attache à choisir des sujets d'une intelligence facile. Que l'on examine la longue série des peintures ou des mosaïques exécutées dans les basiliques italiennes du quatrième au cinquième siècle, on n'en trouvera que bien peu n'offrant pas un caractère vraiment populaire.

Malgré la sévérité de ses principes, le même saint Paulin de Nole se vit forcé de faire des concessions aux goûts de ses ouailles. Il dut s'excuser d'avoir donné l'ordre d'orner les murailles de sa basilique de scènes de chasse ou de pêche d'un caractère essentiellement profane; c'était, disait-il, eu égard à la multitude des paysans qui y affluaient de toutes parts à l'occasion de la fête de saint Félix. Comme les agapes étaient encore en usage à cette époque, il espérait que de telles images, attirant l'attention de ces hommes grossiers, les empêcheraient, par cette utile distraction, de se laisser aller à l'ivresse et à l'intempérance. « Quoi qu'il en soit, ajoute Martigny, auquel nous empruntons ces renseignements (*Dictionnaire*, au mot « Animaux »), il est avéré que la coutume d'orner de ces sortes de peintures les églises en dedans et en dehors exista universellement; le diacre Florus l'atteste pour les Gaules (Mabillon, *Analecta*, t. VI). De riches étoffes, où des animaux de toute sorte étaient peints ou brodés, étaient aussi employées à la décoration des églises. » — Nous pouvons citer un monument encore existant de ces représentations : le tigre déchirant une génisse, de la basilique de Saint-André in Catabarbara, de Rome (photographié par M. Parker, n° 1463. Voy. aussi, ci-dessus, ce qui a été dit des pavements à sujets zoologiques).

Pour compléter le tableau des transformations subies par l'art chrétien à partir du quatrième siècle, il nous reste à mentionner la substitution de types déterminés aux figures si vagues, si impersonnelles des catacombes. C'est ici peut-être que le réalisme exerça l'influence la plus féconde. A la place de personnages abstraits, nous voyons enfin des individualités : saint Pierre est reconnaissable à sa chevelure et à sa barbe blanches et crépues ; saint Paul à son front découvert, sa barbe noire. En ce qui concerne le Christ, on hésite longtemps entre deux types, l'un qui s'inspire de l'Apollon antique, l'autre qui prend pour point de départ les représentations de Jupiter. Au sixième siècle encore, à Ravenne par exemple, le Christ se montre simultanément à nous sous ce double aspect, tantôt sous les traits d'un adolescent imberbe, tantôt sous ceux d'un homme dans toute la force de l'âge. Dans les autres figures, prophètes, apôtres, saints, les artistes du quatrième au sixième siècle recherchent avant tout la force de la caractéristique ; ce sont des physionomies énergiques, plus rudes que belles, plus austères que majestueuses, très vivantes d'ailleurs, et paraissant procéder de véritables portraits.

Qu'on nous permette d'insister sur le rôle que le portrait a joué pendant cette période dans le développement de la peinture chrétienne. Il est un des principaux facteurs de la révolution à laquelle nous allons assister. L'artiste, en se plaçant désormais en face de la nature et en luttant avec elle pour rendre les caractères physiques ou moraux d'un modèle déterminé, puise dans ces efforts l'énergie nécessaire pour échapper à la fois à la banalité et au maniérisme. L'art des trois premiers siècles, tel qu'il se montre à nous dans les catacombes, n'aurait pu, sans contradiction, sacrifier à ces tendances : tout entier aux formules générales, il ne trouvait pas le temps de s'intéresser à l'individu pris isolément. Aussi les portraits n'apparaissent-ils que fort tard dans les cimetières souterrains. (Ceux de Policanus, de Sabastianus et de Curinus sont postérieurs à l'année 420; de Rossi, *Roma Sotterranea*, t. II, pl. VII. Ceux de la bibliothèque Chigi semblent aussi dater du cinquième siècle.) Nous ne sommes même pas sûrs que les figures que nous y voyons accompagnées d'un nom ne soient pas sorties de l'imagination des peintres. Cette indifférence, ou si l'on veut cette impuissance, à l'égard des traits caractéristiques d'une physionomie, éclate encore dans un monument du quatrième siècle, sur l'importance duquel on ne saurait trop insister, le mausolée de sainte Constance. Les deux têtes de femme que l'on y voit, dans les mosaïques de la voûte annulaire, et qui passent pour représenter deux princesses de la famille de Constantin, ne semblent nullement avoir été inspirées par l'étude d'un modèle vivant; ce sont des traits vagues et sans accent.

Il est assez étrange que l'art chrétien, qui procède de la représentation non pas d'êtres fabuleux comme les dieux de l'Olympe, mais de personnages réels, le Christ, les apôtres, les saints, ait tant tardé à rompre avec ces traditions. Une fois entré dans les voies nouvelles, l'on en vint rapidement à ajouter aux coryphées du christianisme les portraits des contemporains: princes, évêques, papes. Le plus ancien de ces portraits sur lequel nous possédions des renseignements est celui de saint Ursus (379-396), dans la cathédrale de Ravenne (Agnelli, dans les *Rerum italicarum Scriptores* de Muratori, t. II, 1re partie, p. 51). Puis viennent ceux des princes de la famille de Théodose, ainsi que de l'archevêque saint Pierre, que Placidie fit exécuter dans la basilique de Saint-Jean-l'Evangéliste, également à Ravenne. Nous ignorons comment l'artiste avait représenté ses héros. S'était-il borné à de simples « imagines clypeatæ? » ou bien les avait-il montrés dans l'exercice de leurs fonctions, avec les insignes de leur pouvoir? On en est réduit à cet égard aux conjectures. Quoi qu'il en soit, à partir de ce moment, l'habitude d'éterniser les traits des archevêques devint constante à Ravenne. A Rome, il nous faut aller jusqu'au pontificat de Félix IV (526-530) pour voir introduire des personnages vivants dans les compositions sacrées : le pape, fondateur de l'église, porte sur ses bras le modèle de l'édifice; il se trouve à côté de l'un des saints auxquel l'église est dédiée (saints Cosme et Damien). Pendant des siècles, ce motif sera répété à l'infini.

Le besoin de précision s'affirme surtout dans la prédominance de l'élément local : à la place de ces représentations abstraites, dépourvues de tout caractère national, nous voyons peindre les prédilections de telle ou telle province, de telle ou telle ville. A Rome, usqu'à la fin du cinquième siècle, ainsi que l'a montré M. Grégorovius (*Storia della città di Roma*, t. I, p. 295), on ne dédia d'églises qu'aux saints ayant vécu ou étant morts dans la Ville Eternelle. On y chercherait en vain, avant cette époque, la trace d'un hommage rendu à un de ces saints grecs, si populaires dans la suite. Les provinces tinrent plus encore à leurs illustrations locales. Dans la basilique de Fausta (cinquième siècle), attenante à l'église de Saint-Ambroise, à Milan, on trouve les portraits de saint Ambroise, saint Protais, saint Gervais, saint Victor, saint Nabor, etc., c'est-à-dire de personnages ayant tous un rapport direct à Milan, qui était le lieu de leur sépulture. Dans l'église Santa-Prisca, de Capoue (cinquième-sixième siècle), sur seize saints figurés dans la mosaïque, douze appartiennent à la Campanie. On pourrait multiplier ces exemples. Par une conséquence assez naturelle, on ne se pressa pas, dans les provinces, de multiplier les images des princes des apôtres, qui sont les patrons par excellence de la ville de Rome, et qui ne tardent pas à y occuper, avec le Christ, une place d'honneur dans toutes les basiliques : Sainte-Constance, Sainte-Pudentienne, Sainte-Sabine, Saint-Paul hors les murs, Sainte-Agathe in Suburra, Saints-Cosme et Damien, Saint-André in Barbara, Saint-Laurent hors les murs, Saint-Venance, Saint-Théodore, Sainte-Praxède, Sainte-Cécile, Sainte-Marie in Domnica, Saint-Marc, etc. A Ravenne, à Capoue, à Milan, ils ne figurent, au contraire, à côté de leur maître, qu'en compagnie des autres apôtres, rarement seuls : Milan, chapelle Sant-Aquilino (basilique de Saint-Ambroise); Capoue, église Santa Prisca; Ravenne, baptistère des orthodoxes, baptistère des ariens, Saint-Vital, Saint-Apollinaire-Nouveau, chapelle archiépiscopale.

La mosaïque, la fresque, tels sont les deux procédés dont les peintres du temps de Constantin et leurs successeurs se servent de préférence. Mais les autres branches de la peinture ne tardent pas à être également mises à contribution : miniature, peinture sur panneau, broderie, tapisserie (Em. David, p. 41), etc.

La peinture sur panneau semble avoir jeté un certain éclat à Rome, au sixième et au septième siècle. Nous savons, en effet, que Grégoire le Grand (590-604) envoya à un de ses amis les images du Christ, de la Vierge, de saint Pierre et de saint Paul (Labbe, *Concilia*, t. VIII, p. 1585), et qu'un abbé de Wiremouth acheta dans la Ville Eternelle, entre 680 et 686, des tableaux représentant entre autres le Christ mourant, Isaac portant le bois destiné à son bûcher, le Portement de croix, le Serpent d'airain, la Crucifixion (Bède, cité par E. David, *Histoire de la peinture au moyen âge*, p. 61). Peu à peu les plus pauvres pèlerins s'habituèrent à rapporter de Rome les portraits des saints pour lesquels ils avaient le plus de vénération. Aussi voyons-nous les peintres dresser boutique dans l'atrium de la basilique du Vatican et trafiquer de ces « volti santi », de plus en plus recherchés.

A l'exploitation en règle de ce vaste domaine correspond la diffusion, dans toutes les parties du monde chrétien, du style dont nous avons essayé de déterminer les caractères principaux. La Gaule, la Grande-Bretagne, l'Espagne, la Grèce, l'Orient, ne tardent pas à se couvrir de cycles de peintures, plus ou moins considérables. (Si, dans cette rapide revue, nous nous attachons plus spécialement à l'Italie, c'est que cette contrée privilégiée nous offre aujourd'hui encore une série vraiment unique de monuments appartenant aux premiers siècles.) Tantôt nous rencontrons de vastes cycles historiques, retraçant les luttes des Hébreux, les miracles et les souffrances du Christ ; tantôt les artistes s'attachent à représenter de véritables apothéoses : ici, le Christ trônant au milieu des apôtres et des confesseurs; ailleurs, une longue procession de saints et de saintes s'avançant vers leur divin maître.

Dans la longue série de monuments s'étendant du quatrième au neuvième siècle, la disposition des scènes principales ne varie guère. La tribune ou l'arc triomphal reçoivent les figures qui personnifient le triomphe du Christ, ou rappellent la fidélité des apôtres, des élus. Dans la célèbre mosaïque de sainte Pudentienne, que M. de Rossi est aujourd'hui disposé à attribuer au pontificat d'Innocent Ier (402-417), le Christ est entouré des douze apôtres, des symboles des évangélistes, ainsi que de deux femmes dans lesquelles on a cru reconnaître l'*Ecclesia ex circumcisione* et l'*Ecclesia ex gentibus*. Les acteurs de ces grandes scènes sont représentés tantôt assis, tantôt debout; il existe également des compositions où l'artiste s'est borné à les représenter en buste, dans des médaillons. Des saints occupent parfois la place réservée à Jésus (basilique de Sainte-Agnès, à Rome; basilique de Saint-Apollinaire in Classe, près de Ravenne). Mais ce sont invariablement des idées d'apothéose qui dominent dans cette partie du sanctuaire.

La scène qui contient en germe ces représentations est-elle aussi une conquête du IVe siècle ? Nous voulons parler du « Christ triomphant, » ou, comme on l'appelle encore, « le Christ donnant la loi, » scène, qui en résumant la puissance du fondateur de la nouvelle religion, offre un intérêt bien autrement considérable que de simples épisodes : la résurrection de Lazare, la multiplication des pains, etc. Les plus anciens monuments nous montrent Jésus debout sur un monticule, des flancs duquel s'échappent les quatre fleuves du paradis. A ses côtés se tiennent saint Pierre et saint Paul, suivis de brebis en nombre plus ou moins grand, qui sortent des deux cités saintes de Bethléem et Jérusalem. Aux deux extrémités s'élèvent des palmiers qui encadrent le tableau. Il suffira de joindre à saint Pierre et à saint Paul d'autres apôtres ou des saints, pour réaliser la composition qui, des siècles durant, fera les principaux frais de la décoration des absides.

Dans les catacombes on n'a rencontré le « Christ triomphant » que dans une seule fresque (crypte de saint Pierre et de saint Paul). Et encore cette fresque prête-t-elle singulièrement à la discussion. Dans la reproduction qui en a été donnée par le P. Marchi (*Monumenti delle arti cristiane primitive nelle metropoli del cristianismo*, Rome, 1844, pl. XLI), on n'aperçoit que deux figures, et, d'après le texte (p. 211), la composition aurait même été refaite à une époque relativement moderne. Dans les planches de M. Perret, au contraire, qui, comme on sait, ne sont que trop sujettes à caution (*Catacombes de Rome*, t. I, pl. VI, VII; voy. aussi Grimouard de Saint-Laurent, *Art chrétien primitif, le Christ triomphant et le Don de Dieu*, Paris, 1858, p. 45), on aperçoit distinctement le Christ planant dans les airs et remettant les clefs à saint Pierre, tandis que saint Paul lève la main vers lui. Cette contradiction nous force d'écarter *à priori* la fresque de saint Pierre et de saint Paul, pour ne nous attacher qu'à des monuments vraiment sincères et originaux. Ces monuments sont nombreux : pierres gravées, fonds de coupe, sarcophages, mosaïques. Le P. Garrucci, qui a fait une étude spéciale des fonds de coupe (*Vetri ornati di figure in oro trovati nei cimiteri dei cristiani primitivi di Roma*; éd. de 1858, p. 31), est disposé à croire que les mosaïques et peintures absidales ont précédé dans cette voie les vases à fond d'or. Son principal argument est celui-ci : la composition dans ces vases est trop complète, trop parfaite déjà pour pouvoir être attribuée aux artistes fort médiocres chargés de leur fabrication; ils ont dû l'emprunter aux peintres ou aux mosaïstes.

Nous sommes donc autorisé à soutenir que ce motif si important est aussi une des inventions nées en dehors des catacombes (cf. de Rossi, *Bullettino di archeologia cristiana*, 1868, p. 41). Et de fait, dans le mausolée de sainte Constance, contemporain de Constantin, il se présente à nous avec tous les caractères de la nouveauté, incertitude dans le groupement, gaucherie des attitudes, etc., tandis qu'un demi-siècle plus tard la mosaïque de Sainte-Pudentienne nous montre déjà la composition parvenue à sa perfection suprême.

Nous venons de déterminer la destination de l'abside. Celle des nefs est tout aussi nettement tracée : elles appartiennent au genre narratif. On y retrace les scènes de l'Ancien ou du Nouveau Testament. Dès le règne de Constantin, la basilique de Latran fut ornée d'un cycle de fresques commençant par la chute de nos premiers parents et se terminant par l'entrée du bon larron dans le paradis. Deux cycles analogues existent encore; deux autres nous sont connus par des dessins anciens : ce sont les mosaïques de Sainte-Marie-Majeure (432-440), celles de Saint-Apollinaire nouveau, à Ravenne, exécutées sous Théodoric; celles de l'oratoire du pape Jean VII à

Saint-Pierre (705-707). enfin les peintures du pape Formose, également à Saint-Pierre (891-896).

A Sainte-Marie-Majeure, le pape Sixte III a fait représenter l'histoire des Israélites. Le récit commence à Abraham et s'arrête à Josué. La matière est traitée de la manière la plus défectueuse; l'artiste raconte avec prolixité des faits insignifiants (l'histoire des relations de Jacob avec Laban n'occupe pas moins de cinq compartiments), tandis qu'il passe sous silence l'histoire de Joseph. Aujourd'hui même, pour comprendre les différentes scènes, il faut avoir la Bible à la main. Quel embarras ne devaient pas éprouver les fidèles du cinquième siècle, encore si peu familiarisés avec les récits de l'Ancien Testament! Nul doute que l'apparition de la *Vulgate* de saint Jérôme (384) n'ait déterminé chez Sixte III le choix des sujets, dont voici la liste, d'après le travail de M. Barbet de Jouy (*Les mosaïques chrétiennes des basiliques et des églises de Rome*, Paris, 1857) : I. Melchisédech offre à Abraham le pain et le vin en présence du Seigneur, II. Abraham et les trois anges. III. Séparation d'Abraham et de Loth. IV-VI. (compositions détruites). VII. Isaac bénissant Jacob. VIII. (détruite). IX. Jacob recevant Lia au lieu de Rachel. X. Jacob se plaignant d'avoir été trompé. XI. Laban promettant à Jacob la main de Rachel. XII. Laban promettant à Jacob de partager avec lui les brebis. XIII. Jacob quittant la maison de Laban. XIV. (détruite). XV. Réconciliation de Jacob et d'Ésaü. XV. (détruite). XVI. Mort de Sichem. XVII. Jacob reprochant à Lévi et à Siméon le meurtre de Sichem. XVIII-XXI. (détruites). XXII. La fille de Pharaon remettant le jeune Moïse à sa mère.—Moïse ayant tué un Égyptien est réprimandé par ses coreligionnaires. XXIII. Mariage de Moïse et de Séphora. XXIV-XXVI. (détruites). XXVII. Le passage de la mer Rouge. XXVIII. Le miracle des cailles. XXIX. Le frappement du rocher. XXX. Combat contre les Amalécites. XXXI. Les Israélites poursuivant Moïse et Aaron après le châtiment de Datan, de Cor et d'Abiron. XXXII. Moïse confiant le Deutéronome aux lévites. — Sa mort. — Départ des Israélites. XXXIII. Le passage du Jourdain. XXXIV. Josué rencontrant l'ange du Seigneur. XXXV. La pluie de pierres. XXXVI. Josué arrêtant le soleil. XXXVII. Les rois prisonniers conduits devant Josué. XXXVIII-XL. (détruites.)

La nouveauté de ces représentations explique les hésitations de l'artiste, hésitations qui se trahissent également dans les compositions dont a été orné l'arc triomphal de la même basilique (scènes de l'enfance du Christ), et dont plusieurs n'ont jusqu'ici pu être expliquées malgré les efforts des archéologues.

Les compositions de saint Apollinaire nouveau réunissent toutes les qualités qui manquent à celles de Sainte-Marie-Majeure. L'art avait fait dans l'intervalle bien des progrès, mais il faut aussi tenir compte du talent personnel de l'artiste auquel nous devons ce chef-d'œuvre. Le sujet qu'il a traité en vingt-six tableaux, c'est l'histoire des miracles et de la passion du Christ, dans ses épisodes les plus saillants. Rien ne se peut imaginer de plus parfait au point de vue de l'intelligence du sujet et de la netteté du groupement. Chaque scène ne comprend que trois à quatre personnages; aussi les tableaux s'harmonisent-ils de la manière la plus parfaite avec l'architecture. L'unité d'action est rigoureusement observée. La noble simplicité des attitudes et des costumes ajoute encore à l'effet de ces pages magistrales. Les sujets représentés sont les suivants : I. Guérison du paralitique. II. Guérison du possédé. III. Guérison d'un autre paralytique. IV. Jésus-Christ séparant les boucs des brebis. V. Le Denier de la veuve. VI Le Pharisien et le publicain à l'entrée du temple. VII. La Résurrection de Lazare. VIII. La Samaritaine. IX. La Femme adultère. X. Guérison de deux aveugles. XI. La Pêche miraculeuse. XII. La Multiplication des pains. XIII. Même sujet. XIV. La Sainte Cène. XV. Le Jardin des Oliviers. XVI. Le Baiser de Judas. XVII. L'arrestation de Jésus-Christ. XVIII. Jésus-Christ devant le grand prêtre. XIX. Jésus-Christ prédisant le reniement de saint Pierre. XX. Reniement de saint Pierre. XXI. Judas rapportant l'argent de sa trahison. XXII. Jésus-Christ devant Pilate. XXIII. Le départ pour le Golgotha. XXIV. Les Saintes Femmes au tombeau. XXV. Les Disciples d'Emmaüs. XXVI. Jésus-Christ se montrant aux apôtres. — On remarquera que, dans les treize premières scènes, le Christ est toujours représenté jeune et imberbe, tandis que, dans les scènes de la passion, il porte la barbe et paraît beaucoup plus âgé. (Même particularité dans les portes de Sainte-Sabine.) Notons en outre que dans ces différentes scènes l'artiste n'a pas manqué de donner à son héros des proportions plus grandes qu'aux autres personnages, comme si la supériorité morale devait avoir pour corollaire la supériorité de la taille.

Dans l'oratoire du pape Jean VII, qui appartient, comme on l'a vu, au VIIIe siècle, l'artiste est retombé dans quelques-unes des erreurs commises à Sainte-Marie-Majeure. Lui aussi a réuni plusieurs scènes dans le même compartiment, sacrifiant ainsi la netteté du récit; lui aussi s'est attaché à de certains épisodes secondaires, au lieu de mettre en lumière les scènes les plus caractéristiques. On en jugera par la description des sujets : I. L'Annonciation ; la Visitation. II. La Nativité ;

le Bain de l'enfant Jésus; la Guérison de Salomé; l'Annonciation aux bergers. III. L'Adoration des mages. IV. La Présentation au temple; le Baptême du Christ. V. La guérison de l'aveugle; l'Hémorroïsse; Zachée sur le figuier. VI. La Résurrection de Lazare; l'Entrée à Jérusalem; la Sainte Cène. VII. La Crucifixion; la Descente aux limbes; les Saintes Femmes au tombeau.

Nous arrivons au dernier en date de ces grands cycles historiques, les fresques de pape Formose dans la nef de Saint-Pierre. On y voyait, entre autres, l'Entrée des animaux dans l'arche; l'Arche portée sur les eaux; Abraham et les anges; Abraham chassant Agar; Abraham chargeant son âne; Abraham se préparant à immoler Isaac; Isaac demandant qu'on lui apporte le produit des chasses d'Esaü; Moïse et Aaron devant Pharaon; l'Eau changée en sang; la Plaie des grenouilles; la Plaie des sauterelles; la Mort des premier-nés; le Passage de la mer Rouge; et sur la paroi opposée, le Baptême du Christ; la Résurrection de Lazare; la Crucifixion; la Descente aux Limbes; l'Apparition du Christ aux apôtres.

Cette juxtaposition des scènes de l'Ancien et du Nouveau Testament que nous avons déjà constatée dans les fresques exécutées, sous Constantin, dans la basilique de Latran, donnera naissance vers le XIIe siècle, aux cycles connus sous le titre de *Bible des pauvres*, c'est-à-dire à des compositions, d'un type uniforme, qui ont été reproduites à l'infini jusqu'à l'époque de la Renaissance, dans les verrières, les peintures murales, les miniatures et dans les premiers ouvrages xylographiés. (Voyez la *Biblia Pauperum*, par MM. Laib et Schwarz : Zurich, 1867).

Nous venons de montrer ce qu'était la décoration des basiliques proprement dites. Veut-on maintenant des exemples de la décoration des mausolées postérieurs à la paix de l'Eglise? L'étude des mosaïques de sainte Constance, près de Rome, et de Galla Placidia, à Ravenne, nous les fournira. Nous ne saurions mieux faire, pour le premier de ces monuments, que d'analyser l'ingénieux essai de restitution fait par M. l'abbé Davin (*Revue de l'Art chrétien*, 1880, t. II, p. 422 et suiv.), d'après des documents publiés par nous dans la *Revue archéologique*. Le temple sphérique de sainte Constance, orné d'une couronne de colonnes soutenant la voûte du portique circulaire, ainsi que la coupole même de l'édifice, contenait douze niches séparées, trois à trois, par la porte d'entrée, les deux absidioles latérales et l'absidiole du fond. Des étoiles noirâtres et verdâtres, des monogrammes du Christ, dont quelques-uns viennent d'être retrouvés sous le badigeon, se détachaient sur un fond blanc dans ces niches, qui contenaient peut-être les statues des apôtres.

Dans la voûte annulaire du portique, sur un fond blanc, se développent, aujourd'hui encore, les ornements les plus riches, les plus gracieux : fleurs et fruits, vases, masques, brebis, oiseaux, Eros et Psychés, enfants ailés faisant la vendange, etc., etc. Les deux absides latérales nous montrent, l'une, le Christ chargeant les princes des apôtres de prêcher ses principes ; l'autre, le Christ assis sur le globe céleste et remettant à saint Pierre, à ce qu'il semble, les insignes de son pouvoir. Au fond, une absidiole, plus élevée que les précédentes, était ornée d'une composition analogue à celle qui devait prendre place, un demi-siècle plus tard, sur la tribune de sainte Pudentienne. On y voyait la Jérusalem céleste, le Christ siégeant au milieu des apôtres, nimbé, entouré de brebis ; puis deux femmes aux vêtements blancs, représentant sans doute l'Eglise de la Circoncision et l'Eglise des Gentils ; un monogramme, se détachant sur un fond d'étoiles, complétait la décoration de ce dôme sous lequel se dressait le sarcophage de porphyre de sainte Constance, orné de scènes de vendanges, de paons, etc.

Cette décoration, si riche et si pittoresque, formait la digne préface des peintures de la coupole, dans lesquelles le décorateur du IVe siècle semble avoir épuisé toutes les ressources de son art. A la première zone, pour nous servir des paroles de M. l'abbé Davin, une rivière étendait le cercle sans fin de ses eaux, au milieu desquelles se développaient les scènes les plus riantes, les plus gracieuses. Ici on voyait des enfants ailés pêcher à la ligne ou au filet, ou bien lancer des harpons sur des poissons aussi gros qu'eux ; ailleurs, ils jouaient au milieu des ondes avec des cygnes ou bien faisaient manœuvrer de légers esquifs. C'étaient sans doute des réminiscences du gracieux mythe païen : la navigation des âmes, le voyage aux îles fortunées. Des eaux du fleuve sortaient douze caryatides s'échappant de la corolle d'une fleur et flanquées chacune de deux tigres ; une tige de fleurs, vers laquelle s'inclinaient deux dauphins, surmontait leur tête. Elles encadraient douze grandes compositions, dont cinq seulement nous sont connues : le Sacrifice de Caïn et d'Abel, Moïse frappant le rocher, Elie faisant descendre sur son autel le feu du ciel, Tobie tenant à la main le poisson mystérieux, enfin le Jugement de Suzanne. Puis venait une zone de tableaux, plus petits, ou plutôt des cartouches soutenus par des groupes de trois femmes qui émergeaient des fleurs posées sur les caryatides de la zone inférieure.

La richesse, la liberté de la décoration ont fait prendre pendan longtemps le mausolée de sainte Constance pour un temple de Bacchus. En réalité, nous avons affaire à un monument, vraiment unique, du style de transition. Tout en se rattachant encore par de certains côtés au symbolisme des catacombes, les peintres de sainte Constance abordent avec résolution le domaine nouveau, et placent l'élément historique à côté de l'élément symbolique.

Le mausolée de Placidie, à Ravenne (premier tiers du cinquième siècle), se distingue par une décoration tout aussi somptueuse, quoique les motifs qui la composent aient un caractère plus précis ; on serait tenté de dire plus confessionnel. L'or y alterne avec l'azur, les pampres avec les étoiles; ici, nous voyons des colombes buvant dans un vase ; ailleurs, des cerfs se désaltérant aux sources vives de la foi ; ici, le Christ assis au milieu des brebis, rayonnant de beauté et de jeunesse comme l'Apollon antique ; en face saint Laurent, courant au supplice avec une ardeur, un élan vraiment admirables. Des apôtres ou des prophètes affrontés, les symboles des évangélistes, la croix, complètent ce merveilleux ensemble, qui s'est conservé presque intact jusqu'en plein dix-neuvième siècle.

Les baptistères, de leur côté, offraient aux peintres de l'Eglise triomphante un domaine qu'ils surent habilement exploiter, M. de Rossi est disposé à croire que l'on y représentait fréquemment des scènes maritimes. C'est ainsi qu'il explique ce distique autrefois tracé sur les murs du baptistère de saint Damase (366-384) :

Tu cruce suscepta mundi vitare procellas
Disce magis monitus hac ratione loci.

(*Bullettino di archeologia cristiana*, 1867, p. 88.) On voyait en outre dans ce sanctuaire, célébré par Prudence, le bon Pasteur menant paître ses brebis. Les baptistères de Dié et de Valence, dans la Drôme, renferment également des compositions empruntées au même ordre d'idées : fleuves du Paradis ou Jourdain, monstres marins, cerfs se désaltérant, etc. Dans les deux baptistères de Ravenne (cinquième et sixième siècle), nous trouvons au contraire les douze apôtres encadrant, en quelque sorte le médaillon central dans lequel est figuré le baptême du Christ. Des prophètes, des autels, des trônes, des rinceaux complètent, dans le premier de ces monuments, la décoration de la rotonde. Le baptistère de Naples, enfin, qui semble également dater du cinquième siècle, nous montre au sommet de la coupole le monogramme du Christ entouré d'étoiles, et la main de Dieu tenant une couronne. Dans la seconde zone, des paons, des colombes et d'autres oiseaux affrontés devant des vases chargés de fruits. Rien de plus gracieux et de plus vivant que leurs attitudes. Les intervalles sont occupés par des tentures bleues à lisières d'or, qui donnent à cette partie de la composition un caractère éminemment décoratif. Plus bas, on apercevait autrefois huit tableaux, dont il ne subsiste plus aujourd'hui que quelques fragments. Dans celui d'entre eux qui est le mieux conservé, on voit le Christ debout sur un globe bleu et tenant de la droite un volumen sur lequel sont tracés les mots : DOMINVS LEGEM DAT. Saint Pierre, debout devant lui, reçoit ces précieux insignes de sa mission. Saint Paul lui fait pendant. Deux palmiers, plantés aux deux extrémités, encadrent la scène. Les autres parties du baptistère sont occupées par des apôtres ou des martyrs tenant des couronnes, par les symboles des évangélistes, des pasteurs, des agneaux affrontés, suivis chacun d'une colombe qui se retourne comme pour becqueter les fruits d'un palmier placé derrière elle, et enfin par des cerfs.

Devant ces grandes manifestations de la foi, le rôle de l'art profane paraît bien borné : c'est à peine s'il peut encore être question de productions d'un caractère laïque. Comme au moyen âge, sciences, littérature, architecture, peinture et sculpture n'étaient plus guère que les servantes de la théologie. On a de la peine à découvrir de loin en loin la représentation de faits empruntés à l'histoire nationale : glorification des souverains régnants (statue de l'empereur Héraclius à Barletta; mosaïques détruites de Ravenne, de Pavie et de Naples représentant Théodoric victorieux ; fresques de Monza, exécutées sous Théodelinde, morte en 625, et représentant les exploits des Lombards, etc.) ou tableaux de la vie publique ou privée. Désormais les meubles les plus modestes, et jusqu'aux ustensiles de cuisine (fouilles de Porto et aux objets de toilette (peignes de Chiusi, avec des brebis affrontées : de Rossi, *Bullettino di archeologia cristiana*, 1880, pl. VI) furent ornés de symboles religieux. Un général remportait-il une victoire, au lieu d'élever quelque arc splendide décoré de bas-reliefs, il fondait une basilique, dans laquelle il faisait peindre le Christ et les apôtres, tandis qu'il osait à peine rappeler par une modeste inscription son triomphe et la part qu'il avait eue à l'édification du monument (basilique de S. Agatha in Suburra, à Rome : FL. RICIMER VI MAGISTER VTRIVSQVE MILITIÆ ET EX CONSVL. ORD. PRO VOTO SVO ADORNAVIT ; Ciampini, *Vetera monimenta*, t. I, p. 271). Les souverains eux-mêmes se bornaient le plus souvent à se faire représenter en buste sur les parois des basiliques, abandonnant la place d'honneur, l'abside, au Christ et à sa suite.

L'empire de l'art religieux, tel que nous venons de le définir, était si bien établi dès la fin du cinquième et le commencement du sixième siècle, les formules en usage avaient reçu une consécration si grande que les hérésies alors florissantes n'eurent même pas le pouvoir de les modifier. Nous possédons aujourd'hui encore les grandes pages décoratives par lesquelles les Goths ariens et leur roi Théodoric ont voulu éterniser leur piété. Les mosaïques de l'un des baptistères de Ravenne (Santa Maria in Cosmedin) et de la basilique de Saint-Apollinaire Nouveau (frise supérieure), située dans la même ville, remontent certainement au règne de ce grand monarque. Mais il est impossible d'y saisir la plus légère différence avec les représentations admises dans l'art orthodoxe. Dans l'une, le Baptême du Christ, l'artiste arien a presque textuellement copié la composition exécutée au siècle précédent dans le baptistère des orthodoxes; dans l'autre, dont nous avons parlé tout à l'heure, l'admirable cycle de Saint-Apollinaire Nouveau, il a retracé les miracles du Christ et les scènes de sa Passion avec une simplicité et une éloquence vraiment évangéliques. Un autre monument de la peinture arienne, les mosaïques dont Ricimer († 472) fit orner la basilique de S. Agathe in Suburra, ne nous est plus connu que par des dessins anciens conservés à la Vaticane (fonds latin, n° 5407, fol. 27 ss.). Ici encore la composition ne s'écarte en aucune façon de celles qui avaient cours dans l'art orthodoxe : nous y voyons le Christ assis sur un globe et entouré des douze apôtres.

Un double courant ne tarda d'ailleurs pas à s'établir; mais les divergences de dogmes n'y furent pour rien. D'un côté nous voyons s'accentuer et s'affirmer ce que l'on peut appeler l'art latin ; de l'autre prend naissance l'art oriental, ou, pour lui conserver son nom consacré, l'art byzantin. Les représentants des deux systèmes se rencontrent en Italie même : Rome et Ravenne deviennent chacune le siège d'une école bien caractérisée. Ici, l'influence antique continue à se faire sentir, non seulement dans les mosaïques de Sainte-Constance, de Sainte-Pudentienne, de Sainte-Sabine, de Sainte-Marie-Majeure, mais encore dans les sculptures des sarcophages et dans celles des portes de Sainte-Sabine. Est-il nécessaire d'ajouter que peu à peu ces imitations engendrent la sécheresse. A Ravenne au contraire les compositions encore existantes sont pleines de popés et de sève. L'action s'y distingue par sa vivacité, le coloris par sa chaleur et son éclat. Une imagination ardente, qui ne recule pas devant la subtilité, s'y substitue de bonne heure aux sévères traditions de l'art classique. Etudions séparément l'histoire de ces deux grands courants.

III.

En Occident la période la plus glorieuse de l'histoire de la peinture chrétienne est sans contredit celle qui commence avec Constantin et qui se termine à la néfaste guerre des Goths. Les mosaïques du mausolée de Sainte-Constance forment le point de départ de cette ère brillante, celles de saint Cosme et Damien (526-530), encore si pleines de vie et de grandeur, malgré l'incorrection du dessin, en marquent la fin.

Beaucoup de peintures ou de mosaïques du quatrième siècle sont parvenues jusqu'à nous; d'autres nous sont connues par la description d'auteurs anciens. Citons d'abord, pour Rome, l immense cycle des mosaïques de Sainte-Constance et quelques-unes des fresques des catacombes de Saint-Calixte, de Prétextat, de Domitille, de Sainte-Agnès, des Saints-Marcelin et Pierre, de Cyriaque, de Saint-Sébastien (voy. Lefort, *Chronologie des peintures des catacombes romaines*, nos 70 à 102); puis viennent les compositions, détruites, de la basilique de Saint-Pierre, du Latran, du baptistère du Vatican (366-384), et, à Ravenne, de l'église de Saint-Ursus. Les mosaïques de Sainte-Pudentienne (abside et chapelle de Saint-Pierre), celles de la crypte de Saint-Eusèbe, à Rome, enfin, celles de Sainte-Agathe, à Ravenne, appartiennent à la fin du quatrième ou au commencement du cinquième siècle.

Parmi les monuments du cinquième siècle, nous citerons les suivants : Rome. Mosaïques : Portique de Saint-Venance, Sainte-Sabine (423-432), Sainte-Marie Majeure (432-440),, Saint-Paul hors les murs (440-461), l'Oratoire de la Sainte-Croix (461-468), la chapelle de Saint-Jean-Baptiste (id.), de Saint-Jean-l'Evangéliste (id.), tous trois au Latran, Sainte-Agathe in Suburra (vers 470), Saint-André in Barbara (468-483).— Fresques : Catacombes de Domitille, de Sainte-Agnès, de Generosa, de Calixte (Lefort, nos 104 à 108).

Ravenne. Mosaïques : Mausolée de Placidie (avant 440); Saint-Jean-l'Evangéliste (id.); basilique de Saint-Laurent (435); chapelle de

Saint-André (439-449); basilica Petriana (avant 452); baptistère des Orthodoxes (451); Saint-André-Majeur (439-449).— Fresques : la Multiplication des pains, et l'*Historia psalmi, quem quotidie cantamus* (449-452).

Milan : Chapelle San-Satiro, dans la basilique de Fausta (Saint-Ambroise); chapelle Sant-Aquilino, à Saint-Laurent. — Naples : Baptistère (date douteuse). — Capoue : Santa-Prisca ; Santa-Maria di Capua. — Nole : Basilique de Saint-Félix (avant 420). — Siponte (474-491),

Le sizixme siècle s'ouvre pour Rome par les mosaïques de l'oratoire de la Sainte-Croix (498-514), de la basilique du Vatican (id.), de Saint-Etienne-le-Rond (523-530), de Saints Cosme-et-Damien (526-530), auxquelles succèdent, après un assez long intervalle, celles des Saints-Apôtres (555-560), de Saint-Laurent hors les murs (577-590), de Sainte-Agathe (590-604), de l'oratoire de Sainte-Lucie (id.)

A Ravenne nous comptons, pour la même période, les mosaïques de Saint-Apollinaire-Nouveau (zone supérieure), de Sainte-Marie in-Cosmedin, de Sainte-Marie-Majeure (521-534), celles des bains du palais archiépiscopal (539-546), de Saint-Vital (541), de Saint-Etienne (546-556), de Saint-Michel-Archange (545), de Sainte-Euphémie (545-556), de Saint-Apollinaire-Nouveau (zone inférieure), de la basilica-Petriana (chapelle de Saint-Mathieu et de Saint-Jacques (556-569), de la chapelle archiépiscopale, de la chapelle des saints Marc, Marcellus et Felicula, à Saint-Apollinaire in Classe (574-595),

Pendant le règne de Théodoric († 526) Ravenne, Pavie et Naples reçoivent le portrait en mosaïque de ce monarque. Naples voit, en outre, exécuter les mosaïques de la Stéphanie (535-555). Enfin, à Verceil, prennent naissance les mosaïques de la cathédrale (555).

Ce siècle, d'une fécondité sans pareille à Ravenne, placée dès lors en dehors du mouvement général, marque pour les autres parties de l'Italie le commencement de la décadence.

La guerre entre les successeurs de Théodoric et les généraux de Justinien porta à l'art latin un coup dont il ne se releva pas. Il y a un abîme entre la mosaïque de Saint-Cosme et Damien (526-530) et celle de Saint-Laurent hors les murs qui lui fait suite (fin du sixième siècle) ; toutes les traditions du grand art ont disparu ; il ne reste plus que la richesse de la matière première. L'impéritie des peintres italiens était devenue si grande qu'à partir de ce moment ils se bornèrent le plus souvent à répéter les compositions de leurs devanciers, sans essayer d'y introduire la plus légère variante.

A n'en juger que par la masse des productions nées pendant cette période, on aurait pu croire à une sorte de renaissance de l'école latine. Si, pendant le sixième siècle, l'équilibre a été rompu au profit de Ravenne, au septième siècle, Rome reprend sa revanche, du moins eu égard au nombre des compositions. A la mosaïque absidale de Saint-Apollinaire in Classe, exécutée entre 671 et 677, la Ville Eternelle oppose celles de Sainte-Agnès (626-638), de Saint Pancrace (id.) de l'oratoire de Saint-Venance (637-642), de Saint-Etienne-le-Rond (642-649), de Saint-Pierre-ès-Liens (680), de Saint-Théodore. On s'accorde à attribuer au même siècle quelques fresques des cimetières de Pontien, de Saint-Valentin, de Saint-Calixte (Cubiculum de Sainte-Cécile et de Generosa : Lefort, n°s 109-113). Citons encore les portraits de saint Grégoire-le-Grand (590-604), de son père et sa mère, peints par ordre de ce pontife dans le couvent qu'il avait fondé au Cœlius.

Les peintures dont Théodelinde († 625) fit orner son palais de Monza méritent aussi une mention. Elle y fit représenter, comme nous l'avons dit, les exploits des Lombards.

Pendant le huitième siècle, abstraction faite des incrustations de Sainte-Anastasie, à Olona (725), Rome est la seule ville italienne qui semble avoir été ornée de mosaïques. Nous y remarquons celles de l'oratoire de pape Jean VII, au Vatican (705-707), des oratoires de Grégoire II (715-731) et de Grégoire III (731-741), du triclinium et de l'oratoire de Zacharie au Latran (741-752), de l'oratoire et de la chapelle de la Vierge (757-767), des deux triclinia de Léon III au Latran (795-816), de Saint-Nérée et Achillée (id.), de Sainte-Susanne (id.), de l'oratoire de l'Archange (id.), du triclinium du Vatican, de l'oratoire de la Sainte-Croix, à Saint-Pierre (id.), de la Confession de Saint-Pierre, du Sancta Sanctorum. Trois fresques du cimetière de Pontien, cataloguées par M. Lefort sous les n°s 114 à 116, semblent appartenir au même siècle. Mentionnons encore les peintures dont le pape Constantin (708-715) fit orner le portique de Saint-Pierre (*Imago, quam Græci votaream vocant, sex continens sanctos ac universales synodos*), « l'*orbis terrarum descriptio*, » peint par ordre du pape Zacharie (741-772); enfin, la Vierge exécutée sous Etienne III (768-772).

Parmi les compositions italiennes du siècle suivant, citons, pour Rome les mosaïques de Santa-Maria-in-Dominica (817-824), de Sainte-Praxède (id.), de Sainte-Cécile (id.), de l'oratoire de Saint-Martinien et Procès (id.), du tombeau de saint Sixte (id.), de Saint Marc (827-844), de l'oratoire de Saint-Grégoire (id.), de la façade de Saint-Pierre (id.), de Saint-Martin-des-Monts (844-855), de l'oratoire de Léon IV, à

Saint-Pierre (847-855); de Sainte-Marie-du-Transtevère (855-858); les fresques du cimetière de Saint-Calixte (Lefort, nos 117-118); le synode, peint par ordre d'un pape du nom de Léon (sans doute Léon IV: 847-855), au-dessus des portes du sanctuaire de Saint-Pierre ; enfin, les fresques de Formose (891-896), dans la même basilique (voyez ci-dessus) et dans un sanctuaire découvert au dix-septième siècle sur le Cœlius ; à Venise, les mosaïques de Sainte-Marguerite (837) ; à Murano, celles de Saint-Cyprien ; a Salerne, celles du Dôme (855).

C'est à peine si les artistes italiens de cette époque savent encore reproduire, dans leurs lignes générales, les compositions qui avaient fait la gloire du cinquième et du sixième siècle. Le moment vint même où ils ne furent plus capables de faire tenir sur ses pieds une figure vue de face.

La fin du huitième et le commencement du neuvième siècle ont marqué pour l'Italie, et en particulier pour les Etats de l'Eglise, une ère de calme et de prospérité qui contrastait singulièrement avec les épreuves de l'époque précédente. Charlemagne étendit sur la Ville Eternelle sa main puissante, et il n'en fallut pas davantage pour lui assurer pendant de longues années tous les bienfaits de la paix. A cette tranquillité si favorable au développement des arts se joignirent les encouragements prodigués aux artistes par les papes qui se succédèrent, un demi-siècle durant, sur le trône pontifical. Tous brûlaient de signaler leur règne par les fondations les plus somptueuses. Adrien témoigna de son goût et de son ardeur en défendant le culte des images, non seulement contre les Grecs, mais encore contre Charlemagne, qui de bonne grâce s'avoua vaincu dans cette lutte courtoise. Léon III, Pascal Ier déployèrent une activité sans égale pour restaurer et embellir les églises bâties par leurs prédécesseurs, pour en élever de nouvelles ; partout surgissent les monuments les plus magnifiques ; les vases d'or et d'argent offerts aux sanctuaires se chiffrent par centaines; les autels, longtemps dépouillés, se couvrent de précieuses étoffes byzantines, de reliquaires disparaissant sous le poids des gemmes. Malheureusement, en nous plaçant au point de vue du style, les résultats obtenus sont loin d'être aussi brillants, non seulement dans l'architecture, mais encore dans la peinture. Quant à la statuaire elle n'existait plus que de nom.

L'ignorance des artistes éclate surtout dans les portraits de donateurs introduits dans leurs compositions. La ressemblance physique et l'expression morale font également défaut. Désespérant de rendre le caractère de leurs héros, ils se bornent à les distinguer les uns des autres par la couleur des cheveux, la coupe de la barbe, par quelques attributs matériels. Ils ne savent même plus marquer la maigreur ou l'obésité, l'exiguïté ou l'élévation de la taille, la forme du nez ou de la bouche. C'est à tel point que, des trois portraits qui nous sont parvenus du pape Pascal (817-824), à Sainte-Praxède, Sainte-Cécile et Santa-Maria in Dominica, aucun ne ressemble à l'autre. La mosaïque de Saint-Marc (827-844) marque, à cet égard, le dernier degré de l'abaissement.

Si ces différentes productions n'offrent pas une distinction de goût, ou une perfection technique digne de nous arrêter, il ne sera pas sans intérêt, par contre, de rechercher quels étaient les sujets qu'affectionnait cet âge barbare. A l'aide du *Liber Pontificalis*, nous avons pu dresser la liste des compositions représentées sur les innombrables étoffes brodées ou brochées, dont les papes se plurent à enrichir les basiliques romaines pendant le huitième et le neuvième siècle. Le dépouillement de la chronique papale nous a fourni les chiffres suivants :

Histoire du Christ : la Nativité, 18 représentations ; la Présentation au temple, 6 ; le Baptême du Christ, 3 ; l'Entrée à Jérusalem, 3 ; la Passion, 5 ; la Crucifixion, 6 ; la Résurrection, 37 ; l'Ascension, 8, le Christ avec des apôtres ou des saints, 8.

Histoire de la Vierge : l'Annonciation, 4 ; la Mort de la Vierge, 1 ; l'Assomption de la Vierge, 4.

Histoire des prophètes, des apôtres et des saints : la Pentecôte, 6 ; scènes de la vie de saint Pierre, 12 ; scènes de la vie de saint Paul, 4 ; saint Pierre et saint Paul, 3 ; saint Jean, 1 ; saint Jean-Baptiste, 1 ; saint André, 2 ; saints Cosme et Damien, 2 ; saint Sébastien, 1 ; saint Georges, 1 ; sainte Pétronille, 1 ; le Martyre de saint Laurent, 1 ; de saint Marc, 1 ; les Quatre saints couronnés, 2 ; saint Martin étendu sur son lit, 1 ; saint Silvestre et saint Martin, 1 ; sainte Agnès, 1 ; le Martyre de saint Anastase, 1 ; sainte Cécile, saint Valérien et saint Tiburce recevant une couronne d'un ange, 1 ; saint Procès et saint Martinien, 2 ; saint Sinzigius, 1 ; Histoire de Zachée, 1 ; les Quatre Évangiles, 1 ; Prophètes, 1 ; Daniel, 2 ; etc.

Ornements : Aigles, 15 ; Roses, 3 ; Griffons, 7 ; Oiseaux, 1 ; Lions, 12 ; Licornes, 1 ; Chevaux, 1 ; Arbres, 2 ; Pommes d'or, 1 ; Hommes assis sur des paons, 1.

Les effigies des donateurs ajoutaient un intérêt historique à ces représentations, dont la plupart étaient probablement calquées sur des modèles consacrés. C'est ainsi que Léon IV (847-855) fit exécuter une étoffe « de chrysoclavo » contenant son portrait à côté de la Résurrection du Christ et des figures des Quatre saints couronnés; dans d'autres tissus on le voyait à côté des mêmes saints, ou aux pieds de sainte Agathe, ou encore offrant au Christ la cité qu'il avait construite près du Vatican. Son portrait se trouvait encore sur un ouvrage d'orfèvrerie, à côté de celui de l'empereur Lothaire, sur un autre ouvrage d'orfèvrerie offert à la basilique de saint Pierre ; enfin, sur de nombreux tissus dont l'énumération n'offrirait pas d'intérêt.

Sans avoir réussi à provoquer une culture artistique comparable à celle du temps de Théodoric, ces Francs que les Italiens ne cessaient de traiter de barbares, parvinrent, grâce à l'influence de Charlemagne, à éclipser leurs voisins d'outre-monts. Nous savons notamment que le grand empereur franc confirma par une loi l'obligation de peindre les églises sur toute leur surface intérieure. Ses envoyés étaient chargés, en inspectant les édifices consacrés au culte, d'examiner l'état non seulement des murs, des pavés et des autres parties essentielles, mais encore celui des peintures (*Volumus itaque ut missi nostri per singulos pagos prævidere studeant... primum de ecclesiis, quomodo structæ aut in tectis, in maceriis, sive in parietibus, sive in pavimentis, nec non in pictura, etiam et in luminariis, sive officiis*). Des règlements, plusieurs fois renouvelés, déterminaient le mode de contribution pour la décoration de ces dernières. S'agissait-il d'une église royale, l'évêque et les abbés voisins devaient y pourvoir; pour les églises dépendant d'un bénéfice, c'était le bénéficier. Jusqu'au milieu des camps, si l'empereur faisait élever un oratoire, les murs étaient couverts de peintures sur toute leur surface. Tant qu'une église n'avait pas reçu ce genre d'ornements, on ne la croyait pas terminée. D'après les docteurs français, les peintures avaient un double objet : instruire le peuple, embellir le monument. Dans la pensée de Charlemagne, elles en avaient un troisième : effacer aux yeux des Saxons, par une extrême magnificence, la richesse de leurs anciens autels (Eméric-David, *Histoire de la Peinture au moyen âge*, éd. de 1863, p. 67. 68). Grâce à cette protection éclairée, la peinture franco-germanique l'emporta rapidement sur la peinture italienne.

En commençant par les miniatures, puisque ce sont là les principaux monuments de la Renaissance carlovingienne parvenus jusqu'à nous, nous devons constater l'absence, dans les monastères de Bobbio, de Nonantola, de Novalesa, du Mont Cassin (voy. Caravita, *I codici e le arti a Montecassino*, t. I, p. 29), de manuscrits comparables à ceux qui sortaient des monastères de Tours, d'Aix-la-Chapelle, de Saint-Gall. Qu'on s'attache au fini ou à l'élégance des initiales, à la profusion des ornements, à la noblesse des figures, ou au sentiment de la nature, nos enlumineurs l'emportaient à tous égards sur leurs ignares confrères de la Péninsule. Ils avaient eux-mêmes conscience de leur supériorité ; l'un d'eux, celui auquel nous devons la célèbre Bible conservée près de Rome, à Saint-Paul hors les murs, n'hésite pas à se proclamer leur rival et leur vainqueur :

Ingobertus eram referens et scriba fidelis
Graphidas Ausoniæ æquans superansque tenore
Mentis.

La peinture proprement dite n'était pas moins florissante dans les contrées situées de ce côté-ci des monts. On est étonné de la variété des sujets, de l'ampleur de l'invention. A Aix-la-Chapelle, Charlemagne fait représenter les victoires qu'il a remportées en Espagne, puis les sept arts libéraux; à Ingelheim, des épisodes ou des héros de l'histoire antique : Cyrus, Minos, Phalaris, Romulus et Remus, Annibal, l'empire d'Alexandre, l'empire romain, ou bien encore des événements contemporains : la victoire de Charles-Martel sur les Frisons; enfin des scènes de l'Ancien Testament alternant avec des scènes de l'Evangile : le Paradis, la chute des premiers hommes, Abel et Caïn, l'Annonciation, etc. Le dôme d'Aix-la-Chapelle fut orné par ses soins d'une mosaïque, représentant les vieillards de l'Apocalypse. Pour se procurer les matériaux nécessaires à cet ouvrage, l'empereur avait fait démolir des mosaïques à Ravenne. Mentionnons encore les vues de villes et les cartes géographiques gravées sur des tables d'argent.

La supériorité de l'art franco-germanique ne dura d'ailleurs pas. La France, la Suisse, l'Allemagne, furent tour à tour envahies par le flot montant de la barbarie ; la culture artificielle provoquée par Charlemagne disparut sans laisser de traces ; dans la seconde moitié du neuvième et pendant tout le dixième siècle, il y eut peut-être encore des artistes, mais assurément plus d'art.

IV.

C'est à ce moment que Byzance tendit à l'Occident une main secourable et lui communiqua libéralement les traditions recueillies par elle, comme aussi les conquêtes nouvelles réalisées surtout dans le domaine de la technique. Les cinq siècles écoulés depuis que l'art latin et l'art byzantin s'étaient trouvés face à face en Italie n'avaient cependant pas été pour ce dernier une période de prospérité, de calme absolu. Pour l'École orientale aussi, le sixième siècle, et en particulier le règne de Justinien Ier (527-565), avait marqué l'époque du développement le plus brillant. Bien des obstacles avaient, à partir de ce moment, entravé ses progrès. Une hérésie, qui avait failli ruiner à tout jamais l'art religieux, avait éclaté sous un des successeurs de Justinien. Nous voulons parler de la secte des iconoclastes. C'est peut-être la seule fois dans l'histoire que l'on a vu les productions de cette classe pacifique entre toutes, les peintres et les sculpteurs, devenir le point de départ d'une guerre civile. La proscription des images religieuses fut prononcée en 726 par l'empereur Léon l'Isaurien. Les luttes auxquelles cette mesure donna lieu se prolongèrent pendant cent vingt ans ; d'innombrables artistes tombèrent victimes de leur attachement aux pratiques de l'Eglise orthodoxe ; ils se transformaient aussitôt, aux yeux de leurs coreligionnaires, en martyrs. Les légendes les plus touchantes prirent naissance. On racontait que des peintres, des sculpteurs, auxquels on avait coupé les mains pour avoir représenté la Vierge, avaient recouvré l'usage de leurs membres grâce à l'intercession de leur patronne. On se tromperait d'ailleurs en croyant que les iconoclastes voulaient anéantir l'art lui-même. Les statues, les portraits des souverains continuèrent d'être exposés en tous lieux aux hommages de la foule ; les palais, comme Emeric David l'a fait remarquer (*Histoire de la Peinture au moyen âge*, éd. de 1863, p. 64), offraient une magnificence excessive ; les murs, les plafonds, les pavements étaient ornés de peintures et de mosaïques représentant des marines, des paysages, des chasses, ou encore des sujets historiques. Dans les temples même, il arriva plus d'une fois que l'on remplaça par des peintures allégoriques les images sacrées que l'on venait de détruire.

Malgré les persécutions des iconoclastes, l'École byzantine maintint pendant toute cette période sa supériorité sur l'Ecole latine. Grâce à ses remparts qui bravèrent si longtemps les efforts des barbares, grâce à une immense accumulation de richesses, Constantinople était comme une serre chaude dans laquelle les arts ne pouvaient manquer de prospérer. La vitalité de son école de peinture s'affirma à la fois dans la fresque, la mosaïque et la miniature (voyez le substantiel résumé de l'histoire de l'art byzantin fait par M. Unger dans l'*Encyclopédie* de Gruber et Ersch, première section, t. LXXXIV, p. 290-474 ; t. LXXXV, p. 1-65 ; voyez également les *Byzantinische Geschichts-Quellen*, *kunsthistorisch bearbeitet*, du même auteur). Comparés à leurs confrères occidentaux, les artistes byzantins représentèrent longtemps non seulement le culte des traditions, mais encore le progrès. Si l'école dont ils étaient les champions jeta son plus vif éclat sous Justinien, nous assistons pendant la domination de la maison macédonienne (867-1057) à une véritable renaissance (voyez Unger, *op. cit.*, t. LXXXV, p. 5 ss.). La décadence commença à se faire sentir vers la fin du onzième siècle ; elle précéda cette longue période d'immobilité qui dure encore chez les moines du mont Athos, comme aussi dans les couvents de la Russie, et où des formules immuables remplacent toute invention et toute initiative.

La comparaison des productions les plus récentes de l'art byzantino-russe avec les prescriptions du *Guide de la Peinture*, publié par Didron et M. P. Durand, prouve que depuis tant de siècles les règles iconographiques tracées par les Grecs du moyen âge n'ont pas cessé un instant d'être en honneur. Dans la Grèce antique, cet attachement à de certains principes a été la source des plus grands progrès ; ici, il n'a servi qu'à marquer l'arrêt complet du travail intellectuel. Tout était prévu dans ce code artistique, rédigé par le moine Denys. On jugera par l'extrait suivant du degré de liberté et d'initiative qu'il laissait aux peintres : « L'Ascension du Christ. Une montagne avec beaucoup d'oliviers. En haut, les apôtres étonnés, les regards au ciel et les mains étendues. Au milieu d'eux, la mère de Dieu regardant aussi en haut. A ses côtés, deux anges, vêtus de blanc, montrent aux apôtres le Christ qui s'élève. Les anges tiennent des cartels ; celui qui est à droite dit : « Hommes de Galilée, pourquoi restez-vous en extase les yeux au ciel ? » L'autre dit : « Ce même Jésus, qui vous quitte pour monter au ciel, viendra une seconde fois de la même manière dont vous le voyez s'élever au ciel. » Au-dessus d'eux, le Christ, assis sur des nuages, s'avance vers le ciel ; il est reçu par une multitude d'anges avec des trompettes, des tympanons et beaucoup d'instruments de musique » (Didron et Durand, *Manuel d'iconographie chré-*

tienne, grecque et latine, p. 204-205). Les prescriptions du second concile de Nicée (787) n'avaient pas peu contribué à provoquer cet attachement aux formules consacrées. Voici comment les Pères s'exprimaient à cet égard : « *Non est imaginum structura pictorum inventio, sed Ecclesiæ catholicæ probata legislatio et traditio. Nam quod vetustate excellit venerandum est, ut inquit divus Basilius. Testatur hoc ipsa rerum antiquitas et patrum nostrorum, qui spiritu sancto feruntur, doctrina. Etenim, cum has in sacris templis conspicerent, ipsi quoque animo propenso veneranda templa extruentes, in eis quidem gratas orationes suas et incruenta sacrificia Deo omnium rerum domino offerunt. Atqui consilium et traditio ista non est pictoris (ejus enim sola ars est), verum ordinatio et dispositio patrum nostrorum, quæ edificaverunt* » (Labbe, *SS. Concilia*, t. VII, col. 831. 832.)

Les dates ci-dessus rapportées montrent que ce fut précisément à l'époque de son déclin que l'Ecole byzantine fut appelée à intervenir de la manière la plus efficace dans le développement de l'art occidental. En Italie, on n'avait toutefois pas attendu jusque-là pour invoquer le secours des artistes formés à Constantinople. Tout nous autorise à croire qu'une partie des mosaïques exécutées à Ravenne au cinquième et au sixième siècle a pour auteurs des maîtres grecs. Un texte authentique, dont l'importance a jusqu'ici échappé aux historiens, nous prouve que, dans une autre ville d'Italie, à Siponte, l'évêque fit également venir des artistes de Constantinople, dès le règne de l'empereur Zénon (474-491), qui était son parent. *Cum autem initiatum pulcherrimun opus (esset)... pulchriori et elegantiori opere consummare et aliam (ecclesiam) ad honorem B. Johannis Baptistæ juxta ipsius civitatis matricem ecclesiam construere disponeret, suas sacras litteras (episcopus) ad prædictum imperatorem transmisit, præsumens non modicun de copula sanguinis, qua sibi erat conjunctus, rogando quatenus doctissimos artifices ei transmittere dignaretur, qui in fabricæ artis peritia ab omnibus possent approbari*, etc., etc. (*Acta Sanctorum*, VII février, p. 58). Au septième et au huitième siècle, comme on peut le voir par les mosaïques conservées à Rome dans les églises de Saint-Venance, de Saint-Pierre-ès-Liens et de Sainte-Marie-in-Cosmedin, des peintres grecs, dont quelques uns avaient probablement été chassés par les iconoclastes, vinrent également travailler en Italie. Ils avaient été précédés par ces innombrables ouvrages, dès lors avidement recherchés des Italiens, dans lesquels éclatait l'habilité technique de leurs compatriotes : étoffes brodées, ivoires, pièces d'orfèvrerie.

Vers la fin du dixième siècle, une véritable colonie d'artistes grecs s'établit en Allemagne. Elle y fut attirée par la princesse Théophanu, qui épousa en 972 l'empereur Othon II. Les nouveaux venus ne tardèrent pas à faire école : une suite assez nombreuse d'émaux nous permet de constater l'habileté de leurs élèves allemands (voy. les diverses publications de M. Aus'm Werth).

Un siècle plus tard, en 1070, l'abbé du Mont-Cassin, Didier (le futur pape Victor III), fit également venir de Constantinople une nombreuse phalange d'artistes. Le fait est attesté par le chroniqueur Léon d'Ostie : « *Legatos interea Constantinopolim ad locandos artifices destinat, peritos utique in arte musiaria et quadrataria... quoniam artium istarum ingenium a quingentis et ultra jam annis magistra Latinitas intermiserat, et studio hujus, insperante et cooperante Deo nostro, hoc tempore recuperare promeruit, ne sane id ultra Italiæ deperiret, studuit vir totius prudentiæ plerosque de monasterii pueris diligenter eisdem artibus erudiri* » (voy. Muratori, *Antiquitates italicæ medii ævi*, t. II, p. 361). A ce moment, le triomphe de l'influence byzantine était complet. On s'inspire de modèles byzantins d'un bout à l'autre de l'Italie, au nord, à Venise, à Murano, à Torcello; au midi, à Salerne, à Amalfi, à Ravello, à Palerme, à Montréal, etc., etc. Lorsque les artistes indigènes paraissent incapables de les interpréter dignement, on n'hésite pas à faire venir des originaux du plus grand prix. De ce nombre sont les portes de bronze de Saint-Paul hors les murs, à Rome, commandées à Constantinople, en 1070, par Hildebrand, le futur Grégoire VII. On admirait surtout l'habileté technique des Byzantins. Dès cette époque, elle avait éclipsé et fait oublier celle des artistes de l'antiquité. On peut s'en convaincre en parcourant le traité dans lequel le moine Théophile essaya de réunir les connaissances pratiques nécessaires aux peintres, aux verriers, aux émailleurs, aux orfèvres, etc.: la *Schedula diversarum artium*.

L'influence byzantine éclate à la fois dans le domaine de la technique et dans celui du style. Quant aux dogmes et aux tendances, les différences entre les deux rites étaient dès lors trop accentuées pour que les compositions ne s'en ressentissent pas. Une foule de sujets, populaires dans l'art byzantin, n'ont jamais été traités dans l'art occidental, et vice versa, ou bien l'ont été dans un esprit absolument différent.

Dans les derniers temps, quelques écrivains ont voulu contester l'influence byzantine, même circonscrite dans les limites que nous venons d'indiquer. En Italie surtout, le patriotisme local s'en mêlant, on a essayé d'établir que le royaume de Naples avait été, dès le douzième siècle, le centre d'un mouvement artistique important, et qui n'avait rien dû à Constantinople. Les auteurs de cette thèse ont publié à l'appui des monuments qui, si la date qu'ils leur assignent était vraie, trancherait définitivement le problème en leur faveur. Mais vérification faite, ces prétendues peintures et sculptures du douzième et du treizième siècle appartiennent en grande partie au quinzième ou même au seizième siècle (Sur la question de l'influence byzantine voy. Crowe et Cavalcaselle, *Storia della Pittura in Italia dal secolo II al secolo XVI*, t. I, Florence, 1875, p. 178 ss.; Dobbert, *Ueber den Styl Niccolò Pisanos und dessen Ursprung*, Munich, 1873; Schnaase, *Geshichte der bildenden Künste*, t. IV, Dusseldorf, 1871, p. 718 ; Salazaro, *Studi sui monumenti dell' Italia meridionale ;* id., *Sulla coltura artistica dell' Italia meridionale dal IV al XIII secolo*, Naples, 1877).

Pendant toute la période romane, le style que l'on s'accorde, à raison ou à tort, à qualifier de byzantin, domine dans l'art occidental. Gravité qui dégénère en roideur, recherche du luxe substituée à l'expression de la vie, et, par-dessus tout, esprit d'abstraction poussé à ses dernières limites, tels sont les caractères généraux de la peinture, depuis l'extinction de la dynastie carlovingienne jusqu'à l'avènement de l'École gothique.

V.

L'essor intellectuel qui succéda aux terreurs énervantes, causées par l'approche de l'an Mil, profita singulièrement à la peinture : la fresque, la mosaïque, la miniature, la tapisserie et, dans la suite, la peinture sur verre et l'émaillerie, prirent un rapide développement, au point de vue matériel du moins, car au point de vue du style, ainsi que nous venons de le dire, les résultats ne répondirent pas pendant longtemps aux efforts. En Italie, on voit naître les vastes cycles de fresques de S. Angelo in Formis, près de Naples, de Sant' Urbano alla Caffarella, près de Rome, et des Quattro Coronati (même ville), de Subiaco ; en France, ceux de Saint-Savin, près de Poitiers, etc., etc. En Allemagne, saint Bernward, évêque de Hildesheim († 1023), exécuta de sa propre main des mosaïques, couvrit de peintures les murs et les plafonds, et forma des élèves qu'il conduisait dans les cours où il était envoyé en ambassade, en leur faisant dessiner ce qu'il rencontrait de plus curieux (Emeric-David, *Histoire de la Peinture au moyen âge*, éd. de 1863, p. 110). En Angleterre, sous le règne de Guillaume le Conquérant et sous celui de ses deux fils, Lanfranc, archevêque de Cantorbéry, rebâtit son église, couvrit entièrement les murs de tapisseries, et fit orner le plafond de peintures, dont la beauté, d'après Guillaume de Malmesbury, ravissait les esprits. Son successeur, Anselme, orna le plafond de l'édifice d'une peinture élégante; Ernulfe, moine français, prieur sous Anselme, fit décorer le ciel d'une des chapelles de la cathédrale de peintures qui charmaient tous les yeux. Avant même la conquête, un autre archevêque, Alfred, avait fait peindre le plafond de la cathédrale d'York (ibid.).

En favorisant ainsi partout l'essor des arts, les dignitaires ecclésiastiques n'obéissaient pas seulement à leur amour de la magnificence, ils se conformaient encore aux prescriptions de l'Eglise. Le synode d'Arras, tenu en 1025, déclara que les peintures des temples étaient le livre des illettrés : « *Illiterati, quod per scripturam non possunt intueri, hoc per quædam picturæ lineamenta contemplantur.* »

Malgré tant de marques de sympathie prodiguées aux arts, malgré cette consécration officielle du rôle de la peinture, quelques esprits indépendants conservèrent jusqu'au bout leurs scrupules. Bien plus, jusqu'en plein seizième siècle, nous voyons se reproduire, d'une façon à peu près périodique, de certaines accusations contre l'ingérence excessive de l'art dans la religion. Au douzième siècle, sans aller aussi loin que les Pères de la primitive Eglise, Tertullien, Origène et, dans une certaine mesure aussi, Clément d'Alexandrie, ou bien que les iconoclastes, dont Charlemagne, comme on l'a vu, avait un instant épousé les théories, au douzième siècle, disons-nous, saint Bernard condamna l'abus que l'on faisait des représentations figurées dans les églises et surtout dans les couvents. La page dans laquelle il combat ces tendances est trop remarquable pour que nous ne la placions pas sous les yeux de nos lecteurs : « *Omitto oratoriorum immensas altitudines, immoderatas longitudines, supervacuas latitudines, sumptuosas depolitiones, curiosas depictiones, quæ dum orantium in se retorquent aspectum, impendiunt et affectum, et mihi quodammodo repræsentant antiquum ritum Judæorum. Sed esto, fiant hæc ad honorem Dei... sed dicite, pauperes, si tamen pauperes, in sancto quid facit aurum... ostenditur pulcherrima forma Sancti vel Sanctæ alicujus et eo creditur sanctior quo coloratior. Currunt homines ad osculandum, invitantur ad donandum et magis mirantur pulcra quam venerantur sacra Ponuntur dehinc in ecclesia gemmatæ non coronæ sed rotæ circumseptæ lampadibus, sed non minus fulgentes insertis lapidbius. Cernimus et pro candelabris arbores quasdam erectas, multo æris pondere miro artificio opere fabricatas, nec magis coruscantes superpositis lucernis quam suis gemmis. Quid putas in his omnibus quæritur: pœnitentium compunctio an intuentium admiratio? O vanitas vanitatum, sed non vanior quam insanior! Fulget ecclesia in parietibus et in pauperibus eget. Suos lapides induit auro et suos filios nudos deserit. De sumptibus egenorum servitur oculis divitum. Inveniunt curiosi quo delectentur et non inveniunt miseri quo sustententur...* »

Heureusement, ces théories d'ascète, qui auraient rapidement amené la suppression complète des arts, ne trouvèrent d'écho que dans les couvents de l'ordre de Cîteaux, et là même il fallut renouveler à chaque instant les prohibitions. Exemples : **1134**, défense d'orner les manuscrits d'initiales en couleur ou de miniatures ; défense d'orner les églises de vitraux peints (*vitræ albæ fiant sine crucibus et picturis*) ; défense de faire exécuter des sculptures ou des peintures trop riches ; **1157**, défense de construire des clochers en pierres ; **1240**, ordre d'éloigner des églises les tableaux d'autel, ou de les couvrir d'un badigeon blanc ; l'image seule du Christ était tolérée ; **1235** : « *Pavimentum curiosum, quod est in ecclesia de gardo evertatur et ad antiquam simplicitatem ordinis redigatur,* » etc., etc. (voy. Dohme, *Die Kirchen des Cistercienserordens in Deutschland während des Mittelalters*, Leipzig, **1869**, p. **22** ss).

Les autres grands docteurs de l'Eglise exercèrent au contraire, surtout en Italie, l'influence la plus féconde sur les arts. Les noms de saint Dominique, de saint François d'Assise, de saint Thomas d'Aquin sont intimement liés à la grande révolution qui s'accomplit dans le domaine de l'architecture, de la peinture et de la sculpture au douzième et au treizième siècle. Les artistes dominicains formèrent une école qui, pendant plus de trois cents ans, défraya l'Europe des maîtres les plus illustres (voy. le beau livre du P. Marchese, *Memorie dei più insigni pittori, scultori e architetti domenicani*, 4e édit., Bologne, **1878-1879**). Saint François à son tour devint le centre d'un mouvement artistique intense. Longtemps encore après que Cimabué et Giotto eurent décoré la basilique d'Assise, son doux mysticisme inspira l'Ecole ombrienne, et s'étendit jusqu'à Raphaël, qui travailla plusieurs années dans la pieuse cité de Pérouse, et qui visita certainement le couvent fondé par le plus populaire des saints du moyen âge. Quant à saint Thomas, son influence vient d'être mise en lumière par le P. Marchese dans son ingénieux travail intitulé : *Delle benemerenze di S. Tommaso d'Aquino verso le arti belle*, Gênes, 1874.

On comprend que, sous l'action de pareils conseillers, la peinture du moyen âge ait avant tout été un instrument au service de l'Eglise. La glorification du Christ, de la Vierge, des saints, le récit des souffrances et des miracles des martyrs, le rapprochement de l'Ancien et du Nouveau Testament, la représentation des joies célestes et des tourments de l'enfer, voilà les thèmes que la peinture traita à peu près exclusivement pendant plusieurs centaines d'années. Edifier les fidèles, telle était sa principale mission (*Picturæ et ornamenta in ecclesia sunt laicorum lectiones et scripturæ*), et, on peut l'affirmer, son unique préoccupation. Parmi les qualités par lesquelles les artistes espéraient parvenir à ce résultat, la solennité figure au premier rang. La rigueur de l'interprétation passait à leurs yeux pour une condition non moins essentielle, auprès de laquelle l'observation, la recherche de la beauté, celle du mouvement dramatique ne comptaient pour rien. Sous l'influence des littérateurs, on en était revenu à un symbolisme infiniment plus étroit que celui des catacombes. Quelque subtiles que soient les explications de saint Augustin, elles peuvent à peine se comparer à celles des docteurs du moyen âge.

Le *Rationale divinorum officiorum* de Guillaume Durand, évêque de Mende († 1296), nous fournit à cet égard les enseignements les plus curieux. L'art y est assimilé à la liturgie ; l'auteur s'occupe, au même titre, des cérémonies du culte et « *De picturis, cortinis et ornamentis ecclesiæ, de campanis, de indumentis seu ornamentis ecclesiæ sacerdotum atque pontificum et aliorum ministrorum, de amictu, de alba, de cingula seu zona* », etc., etc. L'extrait suivant est bien propre à montrer à quel degré de raffinement les contemporains de Durand en étaient arrivés, en matière de symbolisme. « *Sciendum est autem quod Salvatoris imago tribus modis convenientibus in ecclesia depingitur ; videlicet aut residens in throno, aut pendens in crucis patibulo, aut ut residens in matris gremio... Quandoque etiam circumpinguntur quatuor animalia secundum visionem Ezechielis et ejusdem Johannis, facies hominis et facies leonis a dextris, facies bovis a sinistris, et facies aquilæ desuper ipsorum quatuor. Hi sunt quatuor Evangelistæ ; unde pinguntur cum libris in pedibus, quia quæ verbis et scriptura docuerunt, mente et opere compleverunt. Matheus figuram sortitur humanam ; Marcus figuram tenet leonis. Hi ponuntur a dextris, quia Christi nativitas et resurrectio fuerunt omnium lætitia generalis... Lucas vero vitulus est, eo quod Zacharia sacerdote inchoavit et Christi passionem et hostiam specialibus pertractavit. Vitulus enim est animal sacerdotum sacrificiis aptum. Comparatur etiam vitulo, propter duo cornua, quasi duo continens testamenta, et propter quatuor pedum ungulas, quasi quatuor evangeliorum sententias. Per hunc quoque figuratur Christus qui fuit pro nobis vitulu immolatus, ideoque ponitur a sinistris, quia mors Christi fuit apostolis tristis*, etc., etc. » (*Rationale*, livre I, chap. III, édit. de Lyon, 1481). — Proclamons-le cependant, à l'honneur de Guillaume Durand et de l'Eglise latine, même dans ces siècles de théocratie à outrance, on n'en vint jamais aux minuties de l'Ecole byzantine. Durand constate les habitudes de ses contemporains, plutôt qu'il n'entend tracer des règles immuables. Après avoir passé en revue quelques-uns des principaux symboles, il fait même cette déclaration précieuse à recueillir : « *Sed et diversæ historiæ tam novi quam veteris Testamenti pro voluntate pictorum depinguntur, nam*

Pictoribus atque poetis
Quodlibet audendi semper fuit æqua potestas. »

L'avènement du style gothique eut pour résultat de rompre l'uniformité de l'Ecole byzantine et de ses congénères, et de substituer à la recherche de la pompe ou de la grandeur l'étude de la vie. Le maître qui imprima aux tendances nouvelles le sceau de la perfection fut un Italien, Giotto (1276-1336). Ce rénovateur de génie, le plus grand des peintres du moyen âge, prit pour base de sa réforme l'imitation de la nature. Plus de scènes de convention, plus de formules pompeuses et vides. Sans pousser encore le réalisme jusqu'à donner au Christ, aux apôtres, aux saints, les traits de ses contemporains, Giotto renouvelle ses types par un esprit d'observation qui forme le contraste le plus complet avec l'esprit d'abstraction de ses prédécesseurs. Le premier, il retrouve les lois de la structure du corps humain, et celles du mouvement. Ce ne sont plus des figures conventionnelles que nous avons devant nous ; ce sont des hommes, vivant d'une vie qui leur est propre. Le paysage reprend ses droits. Enfin la représentation des épisodes de l'histoire sacrée abonde en traits saisis sur le vif, tour à tour spirituels ou touchants. — Tant de conquêtes auraient suffi pour rendre immortel le nom de Giotto. Mais il y a plus encore chez le fondateur de l'Ecole florentine. Ses compositions révèlent un sentiment dramatique qui a dû rendre jaloux Michel-Ange et Raphaël. La force de l'expression, l'éloquence de l'attitude et du geste n'ont jamais été portées plus haut. Quoi de plus pathétique que saint François défiant les faux docteurs, que les sœurs de Lazare aux pieds du Christ !

A côté du dramaturge, il y a chez Giotto un philosophe, j'entends un artiste qui sait traduire dans sa langue les idées les plus abstraites. Par lui l'allégorie pénètre dans la peinture religieuse et la renouvelle. Ses fresques ouvrent la série de ces grandes compositions qui, pendant près d'un siècle, vont faire la gloire de l'Italie, le Triomphe de la Foi et celui de la Pauvreté, le Triomphe de la Chasteté et de la Renommée, le Triomphe de saint François, de saint Thomas d'Aquin, de Charlemagne, etc., etc. Par la puissance de la conception, la beauté de l'ordonnance, la richesse des détails, ces grandes pages, que l'on peut aujourd'hui encore admirer à Florence, à Sienne, à Pise, à Assise, à Naples, à Avignon, etc., etc., restèrent d'inimitables modèles, jusqu'au moment où Raphaël créa la Dispute du Saint-Sacrement et l'Ecole d'Athènes.

Dans cet ensemble, moitié théologique, moitié philosophique, si fortement conçu, et élaboré sous l'influence directe de l'ami de Giotto, de Dante, il n'y avait point de place pour les représentations profanes ; aussi ne faut-il chercher dans l'œuvre de Giotto ni scènes empruntées à l'histoire antique ou à l'histoire contemporaine, ni sujets de genre, ni portraits. Les tableaux eux-mêmes sont rares ; à ces conceptions grandioses il faut le calme et l'ampleur de la fresque.

L'influence de Giotto ne se borna pas à l'Italie. Un des chefs de l'école de Sienne, Simone Memmi, introduisit ses principes à Avignon, d'où ils se répandirent en France ; Thomas de Modène s'en fit le champion en Bohême, où un cycle important, les fresques du château de Carlstein, témoigne aujourd'hui encore de l'ascendant exercé par le rénovateur de la peinture sur ses contemporains non italiens. — Giotto compta des disciples éminents, Taddeo Gaddi, le Giottino, Jean de Milan, etc., etc. Mais son école éprouva le sort de toutes les écoles : au bout de deux ou trois générations, les principes proclamés par le maître avaient perdu leur vitalité ; la routine avait remplacé l'initiative. Au lieu de chercher et de créer, les disciples trouvèrent plus commode de répéter des formules toutes faites. Le style des derniers «Giottesques» ne le cède guère, pour la banalité et le maniérisme, à celui de ces Byzantins détrônés par l'immortel chef de l'Ecole florentine.

VI.

Le quinzième et le seizième siècle, en même temps qu'ils portaient la peinture à son apogée, devaient y introduire les modifications les plus profondes et en renouveler complètement la face. Sous l'action de la Renaissance d'un côté, de la Réformation de l'autre, l'art moderne, avec sa liberté illimitée, se substitue aux sévères traditions du moyen âge. Le lien qui rattachait les différentes formes du beau à la religion se relâche, on pourrait presque dire se rompt ; la théorie de l'art pour l'art, en d'autres termes la recherche d'effets purement pittoresques, prend naissance. On vit des écoles entières uniquement préoccupées, non plus d'atteindre un certain idéal religieux, mais de réaliser des tours de force d'ordre technique. L'une s'attachera à approfondir les lois de la perspective ; l'autre à révéler ses connaissances en matière d'anatomie. Pour les Vénitiens la puissance du coloris est le principal but de la peinture ; pour les Florentins c'est la fierté du dessin. En un mot la religion cesse d'être, sauf pour quelques maîtres attardés, la source première de l'art ; elle en devient le prétexte.

L'action de la Renaissance, ce grand mouvement qui a précédé, mais nullement déterminé la Réforme, a été plus complexe qu'on ne l'admet d'ordinaire. L'imitation de l'antique n'a pas été le seul but que se soient proposé les novateurs florentins du quinzième siècle, les vrais chefs de cette révolution ; l'exemple de Donatello, de Masaccio, de Paolo Uccello, d'Andrea del Castagno, est là pour nous montrer que, tout en s'inspirant des monuments grecs et romains, ils ont en même temps cherché à se rapprocher de la nature. Ils sont tour à tour imitateurs et réalistes. Donatello surtout, le maître qui, avec Brunelleschi, a été le vrai initiateur de la Renaissance, réunit en lui ce double courant. Tantôt nous voyons en lui le disciple le plus docile des anciens (plusieurs de ses ouvrages ont longtemps passé pour antiques), tantôt il copie la nature avec une fidélité qui fait le désespoir des réalistes modernes. Il se trouva cependant des artistes pour lutter contre cet envahissement du naturalisme. A Florence même un peintre dont on ne saurait prononcer le nom sans émotion, le tendre et suave Fra Angelico, se signala jusqu'au bout par son attachement aux règles de l'iconographie sacrée. L'Ecole ombrienne ne fut pas moins inébranlable. Elle réussit, jusqu'au commencement du seizième siècle, à faire dominer les traditions médiévales et à maintenir entre l'artiste et le peuple ce courant de sympathie, sans lequel l'art est exposé à devenir, comme il l'est depuis trois siècles, le patrimoine de quelques privilégiés.

A la fin du quinzième siècle, un réformateur, dont on a voulu, bien à tort, faire un précurseur de la Réforme proprement dite (tout tend à prouver que son orthodoxie était inattaquable), Savonarole, mit son éloquence au service de ces idées. Il n'était nullement un ennemi de l'art, comme on l'a cru ; il suffit pour s'en convaincre de parcourir la récente publication de M. G. Gruyer (*Les illustrations des écrits de Jérôme Savonarole publiés en Italie au quinzième et au seizième siècle et les paroles de Savonarole sur l'art*, Paris, 1879, p. 183 ss.). Mais il n'admettait que l'art religieux. C'était là encore, somme toute, un domaine suffisant pour y acquérir l'immortalité. L'exemple du plus fidèle disciple de Savonarole, Fra Bartolommeo, le prouve. Michel-Ange aussi, du moins dans ses peintures, subit l'influence du réformateur florentin.

Pendant que l'Italie retrouvait la nature en s'aidant des modèles antiques, une révolution analogue s'accomplissait dans les Flandres. En partant de principes différents, les frères Van Eyck arrivèrent à des résultats presque identiques à ceux de leurs confrères florentins. Eux aussi prirent pour base de leurs compositions, non plus des types conventionnels, mais des portraits; eux aussi s'efforcèrent avant tout de donner de la réalité la représentation la plus fidèle. Le secours que les novateurs florentins avaient tiré de l'étude de la perspective, les frères Van Eyck le cherchèrent dans le perfectionnement de la technique. S'ils n'inventèrent pas, comme on l'a cru longtemps, la peinture à l'huile, du moins ils la portèrent à un degré de perfection qui n'a pas été dépassé. A la liberté et à la sûreté du dessin, qualités propres aux Florentins, ils opposèrent la chaleur et la précision du coloris. Comme Masaccio, ils n'empruntèrent à l'art médiéval que la majesté de la composition, se réservant d'introduire dans les figures isolées et dans le paysage une vie absolument nouvelle. L'Adoration de l'agneau mystique, de Gand, est, à cet égard, dans les annales de la peinture septentrionale, ce que les fresques de l'église du Carmine sont dans celles de la peinture italienne. Les successeurs d'Hubert et de Jan Van Eyck, Rogier Van der Weyden et Memling, poursuivirent la voie tracée par leurs maîtres, et l'Ecole flamande sut pendant plus d'un demi-siècle se conserver les suffrages des meilleurs juges, même des Italiens.

Cependant le naturalisme exclusif, qui formait la base de son programme, offrait bien des dangers. Elle n'avait pas, comme les Italiens, la ressource de contrôler et de corriger ses impressions par l'étude de l'antique. Aussi ne parvint-elle pas à découvrir, ainsi que l'avaient fait ceux-ci, la formule du beau, à élaborer un canon définitif. Au seizième siècle il devint bien difficile aux derniers représentants de l'école créée par les Van Eyck de garder leur autonomie devant les principes supérieurs d'un Léonard, d'un Michel-Ange, d'un Raphaël, d'un Titien. Ils se laissèrent conquérir sans trop de résistance par ces grands maîtres, et n'aspirèrent plus qu'à passer pour des élèves dociles de ces « ultramontains, » dont leurs prédécesseurs avaient un instant été les rivaux.

Il était réservé à Raphaël de concilier des tendances si opposées, et d'unir la puissance de conviction, qui distingue les peintres de la primitive Eglise, aux conquêtes des novateurs florentins : le sentiment de la vie, la force de l'expression, la pureté du style. Son œuvre est la synthèse à la fois la plus harmonieuse et la plus complète, non seulement de la peinture chrétienne, mais encore de l'histoire du christianisme. On découvrirait difficilement une corde qu'il n'ait pas fait vibrer, un point qu'il n'ait pas mis en lumière. L'enfance du Christ, si calme et si heureuse, ses luttes et ses miracles, les actes des apôtres, les triomphes des martyrs, la victoire de l'Eglise sous Constantin, le miracle de Bolsène, la gloire des élus, telles sont les scènes qu'il a illustrées avec le plus d'éclat. L'histoire du peuple d'Israël a trouvé en lui un interprète tout aussi éloquent. Dans les Loges, qu'on a si justement appelées la *Bible de Raphaël*, il nous retrace les scènes de la création, le bonheur et la chute de nos premiers parents, les différents épisodes du déluge, puis l'histoire d'Abraham, d'Isaac, de Jacob, de Joseph, de Moïse, de Josué, de David et de Salomon. Dans d'autres compositions, il raconte la création des étoiles (chapelle Chigi, à Sainte-Marie du Peuple), la chute d'Adam et d'Eve, l'apparition de Dieu à Abraham, son apparition à Moïse, le jugement de Salomon (Stanze du Vatican), la Vision d'Ezéchiel, etc., etc.

On peut affirmer que nul artiste n'est entré aussi loin que Raphaël dans l'intelligence des livres sacrés. Il en saisit d'instinct l'esprit; mais il tient aussi à corroborer ses impressions par une étude approfondie du texte. C'est ainsi qu'il parvient, non seulement à nous donner une interprétation plus fidèle que ses prédécesseurs, mais encore à renouveler complètement une foule de sujets. Les Loges et les Actes des Apôtres sont, à cet égard, un véritable tour de force. Les compositions semblent en vérité moulées sur les récits bibliques, et cependant elles satisfont, par la liberté et l'ampleur du style, aux exigences de la critique la plus sévère. Cette habitude de remonter sans cesse aux sources, de tout contrôler par lui-même a valu dans les derniers temps à Raphaël des éloges auxquels il ne se serait, à coup sûr, jamais attendu : on a voulu voir en lui un champion du protestantisme. L'impartialité nous fait un devoir d'affirmer que rien, dans l'œuvre du Sanzio, n'autorise une pareille appréciation.

Dans ce travail d'exégèse Raphaël s'est inspiré à la fois des peintres chrétiens primitifs et de ses prédécesseurs du quinzième siècle. Comme les premiers, il se plaît surtout dans la représentation de scènes calmes et pures ; le spectacle de la douleur n'a rien qui l'attire. Célèbre-t-il les martyrs, il nous les montre, non pas endurant de cruelles tortures, mais rayonnant d'une joie céleste (sainte Catherine d'Alexandrie, sainte Cécile, sainte Marguerite), et en quelque sorte transfigurés. Dans les tableaux consacrés à l'histoire du Christ, il semble également s'être souvenu des scrupules que les peintres des catacombes éprouvaient devant les scènes de la Passion. Il ne lui est arrivé qu'une fois de peindre une crucifixion, et encore cette œuvre date-t elle de sa jeunesse. Mentionnons encore, dans le même ordre d'idées, ses deux Portement de croix, sa Mise au tombeau et ses deux Pietà. On arrive ainsi à un total de cinq ou six compositions, qui ne sont certes pas des plus parfaites, et qui forment une infime minorité dans son œuvre. En effet, les scènes qu'il affectionne dans l'histoire du Christ sont celles où on le voit jouant sous l'œil de sa mère, ou remettant à saint Pierre les insignes de son pouvoir, ou bien encore transfiguré sur le mont Thabor, ou enfin trônant dans toute sa gloire au milieu des élus (fresque de S. Severo à Pérouse ; Dispute du Saint Sacrement ; estampe connue sous le titre des « Cinq Saints »). Dans ces grandes pages la composition n'a pas moins d'ampleur ou de majesté que dans les mosaïques du quatrième et du cinquième siècle, ni moins de pompe et d'éclat que dans les fresques du douzième et du treizième. Ce que Raphaël a emprunté à ses prédécesseurs immédiats, c'est leur émotion tout humaine, leur sentiment dramatique. C'est d'eux qu'il s'inspire dans ses délicieuses madones, où il compose, avec la figure de Marie et celle de son fils, la plus touchante des idylles ; c'est eux qu'il prend pour modèles, quand il crée dans les Actes des Apôtres ces pages d'un pathétique si puissant. Le peintre favori de Jules II et de Léon X y oublie ses attaches aristocratiques pour rivaliser de simplicité et d'éloquence avec les récits de saint Luc.

Opposé en tout à Raphaël, Michel-Ange, loin de résumer en lui l'effort des générations qui l'ont précédé, rompt violemment avec la tradition. «Il répudie, comme l'a fort bien dit un critique autorisé, le grand héritage des siècles : tout ce précieux trésor de croyances, de légendes et d'imaginations est non avenu pour lui ; il rejette le rituel esthétique du moyen âge et se passe de ses sujets, de ses types et de ses emblèmes.» On aurait de la peine à trouver dans son œuvre un saint nimbé, un ange pourvu d'ailes, à l'exception de sa statue du maître-autel de Bologne. « Aucun signe extérieur, ajoute M. Klaczko (*Causeries florentines*, Paris, 1880, p. 26), ne distingue ses apôtres, ses saints, ses bienheureux ou ses damnés ; encore moins respecte-t-il le moule dans lequel la tradition populaire et artistique a, de tout temps, coulé les formes et fixé les traits des grandes figures de l'Evangile. Il pousse l'arbitraire à cet égard jusqu'à changer le type trois fois sacré et consacré du Christ et à refaire la sainte face gravée depuis si longtemps dans tous les cœurs chrétiens comme sur autant de suaires de Véronique ; à côté des anges aptères et des saints sans nimbes, la chapelle du Vatican nous montre l'homme-dieu imberbe. » — En se plaçant au point de vue spécial de l'iconographie chrétienne, Didron a porté sur le Jugement dernier un jugement plus sévère encore : « On s'enfonce de plus en plus dans la désolante réalité, et l'on arrive à Michel-Ange, qui montre Jésus-Christ, au Jugement dernier, sous l'aspect d'un Jupiter tonnant, faisant mine de vouloir châtier le genre humain à coups de poing. Triste aberration d'un homme de génie, qui dégrade ainsi la divinité tout entière, et particulièrement celle-là d'entre les trois personnes divines dont son amour incroyable pour l'humanité a fait le type de la douceur infinie. Le peintre florentin a été plus loin encore que le texte de Damascène et les fresques byzantines ; car son Christ est sans dignité, tandis que celui des Grecs est dur, mais reste noble. » (*Iconographie chrétienne. Histoire de Dieu*, Paris, 1843, p. 243).

VII.

On a beaucoup discuté dans les derniers temps sur l'influence qu'ont exercée, en matière d'art, vers le second tiers du seizième siècle, la Réforme d'un côté et de l'autre la contreréforme. En ce qui concerne le contenu des compositions, parfois même leur style, cette influence est indéniable. En est-il de même de la valeur artistique des œuvres créées à cette époque? Nous n'hésitons pas à répondre d'une manière négative. Les arts exigent pour prospérer un concours de circonstances des plus complexes, et l'on ne saurait établir de corrélation rigoureuse entre le développement moral, religieux ou politique et la production artistique. Assurément celle-ci portera toujours l'empreinte du milieu dans lequel elle se sera exercée, mais sa valeur intrinsèque tiendra à des causes bien différentes. Il y a de grandes nations, comme l'Angleterre, qui n'ont jamais pu constituer une école indigène, et il y a de grandes époques, comme la Révolution française, qui n'ont pas vu naître un seul chef-d'œuvre.

Examinons d'abord le premier problème. La Réformation a-t-elle été favorable aux arts? D'ordinaire on n'hésite pas à répondre négativement, et il faut avouer que d'innombrables arguments viennent à l'appui de cette manière de voir. Cependant la thèse contraire ne manque pas de défenseurs. Il y a une quarantaine d'années, Charles Grüneisen l'a soutenue dans deux ouvrages d'un grand mérite : *Niclaus Manuel. Leben und Werke eines Malers und Dichters, Kriegers, Staatsmannes und Reformators im XVI Jahrhundert* (Stuttgard, 1837) et *De protestantismo artibus haud infesto* (ib., 1839). Plus récemment, le regretté Alfred Woltmann l'a reprise avec un incontestable talent dans son *Holbein* (2e éd., Leipzig, 1874-1876). Son exemple a été suivi en Allemagne par M. Naumann (*Die protestantische Kunst*, Berlin, 1871), en France par M. A Coquerel fils (*Rembrandt et l'individualisme dans l'art*, Paris, 1869). Charles de Villers a effleuré à peine la question dans son *Essai sur l'esprit et l'influence de la réformation de Luther*. Il en est de même de C.-A. Müller: *Des Beaux Arts et de la langue des signes dans le culte des Eglises chrétiennes réformées*, Paris, 1841, p. 10-12.

Constatons tout d'abord que par Réforme ou protestantisme ces auteurs entendent désigner une opposition plus ou moins vague aux dogmes de l'Eglise catholique, comme aussi l'interprétation individuelle des Ecritures, plutôt que la communauté de croyances renfermée dans la Confession d'Augsbourg ou dans tel autre symbole. « Qu'y a-t-il de catholique dans la *Cène* de Léonard de Vinci? dit M. Coquerel. Rien. Un protestant ne l'eût pas conçue autrement. Raphaël représente Savonarole comme un des champions de la théologie chrétienne. Evidemment cela n'était pas d'une orthodoxie catholique irréprochable. On a de Michel-Ange des poésies, d'admirables sonnets, dans lesquels il se montre, à mon gré, sur certaines questions de dogme, beaucoup trop calviniste. » Etant donné ce préambule, il était tout naturel que M. Coquerel, d'accord en cela avec M. Woltmann, mît hors de cause le protestantisme orthodoxe : « Ce qui a tué l'art protestant en Allemagne, dit le second de ces auteurs, c'est surtout l'orthodoxie, le dogmatisme ; c'est l'attachement à des règles étroites ; au lieu de représenter les sujets religieux selon son inspiration personnelle, fervente, vivante, chacun se croyait obligé de les traiter conformément aux strictes définitions des confessions de foi. »

A notre avis, la question doit être posée d'une manière différente. 1° La Réformation a-t-elle été favorable aux arts par ses actes ? 2° Lui a-t-elle été favorable par son esprit ? Sur le premier point, nul doute possible. La Réformation a causé la destruction des « images » non seulement en Allemagne, en Suisse (rappelons notamment le *Bildersturm* de Bâle), dans les Pays-Bas, mais encore en France, où ses partisans accumulèrent les ruines. En Angleterre, la réaction contre le culte des images alla si loin que l'on édicta des peines sévères contre ceux qui osaient représenter la Trinité ou les saints. Ces excès dignes des iconoclastes trouvèrent des défenseurs même parmi les artistes. A Bâle, le peintre Jean Herbster renonça à la peinture, comme à une pratique païenne.

Luther n'avait cependant pas condamné les arts. En 1529, dans la préface de ses *Chants religieux*, il fit cette déclaration dont la netteté ne laissait rien à désirer : « Je ne suis point d'avis que l'Evangile doive anéantir tous les arts, comme le croient quelques hommes superstitieux ; je voudrais au contraire voir tous les arts, surtout la musique, au service de Celui qui les a créés et nous les a donnés. »

Nous arrivons à la seconde question : l'esprit de la Réforme a-t-il été favorable aux arts ? Constatons tout d'abord que les nouveaux dogmes ont eu pour résultat de proscrire une foule de sujets. La glorification de la Vierge, celle des saints cessent de tenter le pinceau des peintres protestants. La révolution opérée par Luther ouvrit-elle, en échange, à l'art des horizons nouveaux ? Nous ne le croyons pas. Quelque varié que paraisse l'œuvre des peintres allemands et suisses du seizième siècle, c'est-à-dire des artistes qui ont le plus directement éprouvé l'influence de la révolution religieuse, il serait difficile d'y rencontrer des thèmes qui n'aient pas déjà été traités par les peintres italiens : ils s'attachèrent à illustrer de préférence les scènes de l'Ancien Testament. Mais Michel-Ange et Raphaël n'avaient-ils pas, l'un dans la chapelle Sixtine, l'autre dans ses Loges, montré le parti que l'on pouvait tirer de ces récits tour à tour si grandioses ou si gracieux? Dans le domaine de l'art profane, nulle innovation non plus : des portraits, des tableaux de genre, des scènes de la mythologie, des compositions allégoriques. La danse des morts, si magistralement représentée par Nicolas Manuel dans ses fresques, et par Holbein dans ses dessins sur bois, était un legs du moyen âge. Le *Triomphe de la Richesse* et le *Triomphe de la Pauvreté*, peints par le dernier pour la corporation des marchands allemands de Londres, se rattachaient à la série de Triomphes imaginés par Pétrarque : l'Amour, la Chasteté, la Mort, la Renommée, le Temps, l'Eternité. Il est d'ailleurs impossible de faire de Holbein un champion de l'art protestant. L'illustre artiste d'Augsbourg a pu, sur l'ordre des grands personnages qui l'employaient, faire des caricatures contre le clergé catholique (*Christus vera lux*); mais il n'a jamais pris fait et cause pour la Réformation, comme le firent Durer, Manuel, Cranach. C'est bien à tort qu'on a proclamé sa *Madone de Dresde* l'idéal de l'art protestant. On oublie, dans cette revendication, que la Madone de Dresde, ou plus exactement la *Madone de Darmstadt*, a été commandée par un catholique d'une orthodoxie parfaite, par un adversaire acharné des novateurs, le bourgmestre Meyer. On oublie aussi que, longtemps avant Holbein, les naturalistes florentins, et Raphaël à leur suite, avaient représenté la Madone, non comme la reine des cieux, mais sous les traits d'une simple mortelle, d'une mère aimante. Le type et le costume peuvent avoir plus de distinction dans les tableaux exécutés sur les bords de l'Arno ou du Tibre. Mais en réalité dans ces ouvrages (aussi bien que dans la *Madone de Dresde*), Marie n'est-elle pas tout simplement une jeune Italienne choisie dans la bourgeoisie, quelquefois même, comme la *Belle Jardinière* et la *Vierge à la chaise*, de Raphaël, dans le peuple !

L'individualisme, auquel, d'après les partisans de la thèse que nous combattons, devaient conduire les principes de la Réforme, était-il donc une conquête si enviable en matière d'art ? L'abandon de cet ensemble de règles, sans lesquelles une Ecole ne saurait subsister, n'exposait-il pas l'artiste à tous les dangers de l'isolement ? Pendant quinze siècles la communauté des croyances et des traditions a, sans gêner l'essor d'aucun maître supérieur, soutenu une foule d'artistes de second ordre, qui, réduits à leurs seules forces, n'auraient pas tardé à succomber. Pouvait-on, sans les plus graves inconvénients, briser subitement les cadres de la peinture religieuse et livrer l'interprétation de chaque sujet à la fantaisie individuelle ? La stérilité de l'art allemand, pendant toute la seconde moitié du seizième siècle, celle de l'art anglais, sont là pour nous révéler les funestes conséquences de cette révolution. Bien plus, en renonçant aux cadres traditionnels, on supprimait cet élément d'émulation, grâce auquel les écoles de l'antiquité, comme celles du moyen âge et de la Renaissance, ont atteint une si haute perfection. La nécessité de s'exercer dans des programmes tracés d'avance, de lutter avec des armes égales, a contraint tous les concurrents à tenter un suprême effort, pour réaliser de nouveaux progrès, pour affirmer leur originalité. Les ignorants seuls, en présence de ces sortes de concours, sont tentés de se plaindre de l'uniformité des compositions. Pour les connaisseurs, les différences de nationalité et de tempérament n'éclatent qu'avec plus de force dans ces essais en apparence identiques. Prenons par exemple la Mort de la Vierge, telle que l'ont traitée trois maîtres illustres, Martin Schoen, Jean Jobst et Durer. L'arrangement général de la scène ne diffère que peu, il est vrai. Mais quelle infinie variété dans l'exécution, dans la caractéristique des personnages, dans l'expression ! Ce sont en réalité trois mondes différents qui se développent devant nous.

En résumé, parler d'une école de peinture protestante, c'est complètement méconnaître les conditions du développement des arts. Tel ou tel peintre de second ordre, comme Lucas Cranach, a pu consacrer son pinceau à la propagation des idées nouvelles. Mais est-on en droit d'opposer quelques exemples isolés à cet ensemble d'efforts et d'aspirations, à cette discipline qui distinguent non seulement les écoles italiennes, mais encore l'école de Durer et celle de Holbein ? Si la Renaissance, avec sa large tolérance, a favorisé l'essor des talents les plus variés, la Réformation, avec son programme trop exclusif, trop strictement confessionnel, était plus propre à décourager qu'à inspirer.

En étudiant l'influence exercée par la réaction catholique, par la contreréforme, nous trouverions qu'elle n'a pas été moins funeste. Mais il n'y aurait pas intérêt à pousser plus loin cet examen. A l'exception de l'Ecole de Venise, école dans laquelle la recherche de l'éclat et de la couleur l'emporte presque toujours sur les préoccupations religieuses, la peinture italienne était bien morte dès cette époque. Ce n'est pas telle ou telle révolution morale ou religieuse qui aurait pu donner du génie aux Vasari, aux Zuccari, aux Pomarancio, aux Carrache, rendre à l'imagination italienne cette force, aux idées cette fraîcheur, au style cette science et cette pureté qui, au point de vue de l'art, importent plus que les dogmes ou la morale. Ce même affaissement, nous l'observons d'ailleurs aussi en France, où la peinture ne peut opposer à nos glorieux architectes et sculpteurs du seizième siècle que les noms des représentants (italiens) de l'école de Fontainebleau, ceux des Clouet, simples portraitistes, et de Jean Cousin, plus habile dans ses vitraux que dans son Jugement dernier. L'Allemagne, on l'a vu, n'a pas été mieux partagée dans la seconde moitié du seizième siècle, et c'est en vain qu'on a voulu expliquer son impuissance par la guerre de Trente ans, oubliant que près de trois quarts de siècle séparaient celle-ci de la mort de Holbein, de Schæuffelin, des Beham, de Cranach. En Espagne et en Angleterre on est forcé de recourir à des maîtres étrangers ; les Flandres enfin, dans leur ardeur à imiter l'Italie, se consument en efforts stériles jusqu'au moment où le grand Rubens imprimera aux arts une direction nouvelle, plutôt profane que religieuse.

L'espace dont nous disposons est trop restreint pour que nous puissions étendre au delà du seizième siècle cette rapide esquisse de l'histoire de la peinture chrétienne. Aussi bien l'art, en tant qu'interprète populaire des croyances religieuses, ne joue-t-il plus qu'un rôle effacé à partir de cette époque. Il se trouve encore des maîtres pour illustrer avec un incontestable talent les scènes des Ecritures : Rubens et Van Dyck, Poussin et Lesueur, Rembrandt, Murillo, Cornelius, Overbeck, Flandrin, etc., etc. Mais le courant de sympathie qui unissait l'artiste à la foule a été interrompu. C'est aux amateurs que les peintres modernes s'adressent ; c'est par les raffinements du dessin ou du coloris qu'ils nous séduisent, plutôt que par la profondeur de leurs convictions. La fantaisie individuelle a remplacé ces fortes règles qui donnaient à l'art chrétien primitif, comme à l'art du moyen âge, sa raison d'être, son caractère de nécessité si frappant. Il n'est pas au pouvoir d'un maître, quelque grand qu'il soit, de ressusciter le passé et de renouveler les sources de l'inspiration ; tout au plus l'érudition peut-elle essayer parfois de reconstituer les brillantes annales, désormais closes, de la peinture chrétienne.

FIN

TABLE DES MATIÈRES

		Pages
I	L'Art dans les catacombes	1
II	L'art dans les basiliques	10
III	La peinture en Occident, du quatrième au neuvième siècle	32
IV	L'école byzantine	39
V	Le moyen âge proprement dit	43
VI	La Renaissance	49
VII	La Réformation	53
Conclusion		58

IMPRIMERIE D. BARDIN ET Cie, A SAINT GERMAIN

Paris — Imp. Vve P. LAROUSSE et Cie, rue Montparnasse, 19.

www.ingramcontent.com/pod-product-compliance
Ingram Content Group UK Ltd.
Pitfield, Milton Keynes, MK11 3LW, UK
UKHW031947260826
14628UKWH00004B/1908

9 782013 052580